文旅融合背景下旅游业高质量发展路径研究

贾强法 曹文 冉红 著

延吉·延边大学出版社

图书在版编目（CIP）数据

文旅融合背景下旅游业高质量发展路径研究 / 贾强法，曹文，冉红著. -- 延吉：延边大学出版社，2024.10. -- ISBN 978-7-230-07405-6

Ⅰ. F592.3

中国国家版本馆 CIP 数据核字第 20244MY349 号

文旅融合背景下旅游业高质量发展路径研究

著　　者：贾强法　曹文　冉红		
责任编辑：翟秀微		
封面设计：文合文化		
出版发行：延边大学出版社		
社　　址：吉林省延吉市公园路 977 号	邮　编：133002	
网　　址：http://www.ydcbs.com	E-mail：ydcbs@ydcbs.com	
电　　话：0433-2732435	传　真：0433-2732434	
印　　刷：廊坊市广阳区九洲印刷厂		
开　　本：787 毫米×1092 毫米　1/16		
印　　张：11.75		
字　　数：200 千字		
版　　次：2024 年 10 月第 1 版		
印　　次：2024 年 11 月第 1 次印刷		
书　　号：ISBN 978-7-230-07405-6		

定　　价：78.00 元

前　言

在全球化与信息化交织并进的今天，旅游业作为世界经济中最具活力的产业之一，正经历着前所未有的变革与创新。随着人民生活水平的提高和消费观念的转变，旅游不再仅仅是对自然风光的简单观赏，而是成为融文化体验、休闲度假、教育启迪为一体的综合性活动。这一趋势的背后，是"文旅融合"理念的深入人心。文旅融合不仅是旅游业转型升级的重要方向，也是推动文化产业创新发展的重要途径。

近年来，随着对"文化＋旅游"模式的不断探索与实践，文旅融合已成为推动旅游业高质量发展的关键力量。它打破了传统旅游业的边界，通过深入挖掘地域文化特色，将文化资源转化为旅游产品，不仅丰富了旅游业态，也提升了旅游产品的文化内涵和附加值。同时，文旅融合还促进了文化遗产的保护与传承，增强了民族自豪感和文化自信，为旅游业注入了新的活力与魅力。

面对国内外旅游市场的激烈竞争和消费者日益多样化的需求，旅游业高质量发展成为必然选择。高质量发展意味着旅游业要在保持快速增长的同时，更加注重品质提升、结构优化、创新驱动和可持续发展。在这一背景下，如何深化文旅融合，探索出一条符合时代特征、适应市场需求的高质量发展路径，成为当前旅游业面临的重大课题。

本书基于这样的背景，旨在深入剖析文旅融合背景下旅游业高质量发展的内在逻辑与实践路径。全书从文旅融合理论入手，介绍了文旅产业融合发展可行性、文旅的开发与规划，并详细分析了旅游业高质量发展规划、旅游业高质量发展的资源基础、旅游业高质量发展的产业基础以及旅游业高质量发展面临的机遇和挑战。

本书在撰写过程中，参阅和引用了一些文献资料，引用了诸多专家和学者的研究成果，在此表示最诚挚的谢意；还要感谢一直以来支持、鼓励和鞭策我们成长的师长和学界同人。由于笔者水平有限，书中难免存在不足之处，敬请广大学界同仁和读者批评指正。

目　录

第一章　文旅融合理论

第一节　文旅融合发展的必要性与趋势

一、文旅融合发展的特征

一般而言，判断一个产业可以从三个方面入手：一是必须是一种生产活动或劳务活动；二是提供的产品或服务必须具有同一属性，不会与其他产业的产品混淆；三是生产同类产品（服务）并在同一市场上发生关系的企业的集合。按照这个标准判断，"文"和"旅"都不具有"同类企业集合"的性质，都不符合传统产业的定义，因而它们都不在产业标准分类中。

旅游产业和文化产业都是以需求为导向、以消费活动为中心而形成的具有"产业群"性质的"泛产业"，它们的产业边界不同于界限清晰的传统产业。从资源构成看，凡是能够对旅游者产生吸引力的自然事物、文化事物、社会事物或其他任何客观事物都是旅游资源，而文化资源是指凝结了人类无差别劳动成果的精华和丰富思维活动的物质和精神的产品或者活动，包括历史人物、文物古迹、民俗、建筑、工艺、宗教信仰、语言文字、戏曲等。由此可见，旅游资源与文化资源的构成要素非常丰富，导致文旅的边界极具开放性，延伸空间非常广阔。根据马斯洛需求层次理论，随着社会经济的发展、人民生活水平的提高，人们开始追求享受、发展和自我价值的实现，消费者的需求开始朝着多样化、层次化发展。为此，文旅的产品开发、市场运营也要随之变化。消费需求的动态化、多元化发展导致文旅的边界极不确定，表现出明显的模糊性、渗透性和动态性特征。由此可见，相较其他产业，文旅之间更易发生渗透、交叉现象。

根据前面的研究，我们将文旅看作两个独立的产业，而且这两个产业各有自己的产业边界，那么文旅的融合指的就是产业之间的融合（见图1-1）。笔者将文旅融合定义为：文旅融合是指文旅之间通过相互渗透、相互交叉而形成新产业或新产业价值链的动态发展过程。

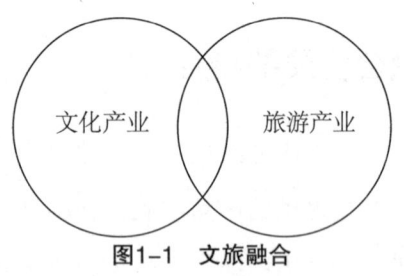

图1-1　文旅融合

有人会对此提出异议，认为"旅游产业是包含在文化产业内的"，因为目前文化产业已经具有了旅游属性，见表1-1。其实不然，由于文旅的边界本来就极具开放性、模糊性和渗透性，加之在知识经济和信息科学技术的引领下，文旅的组成和分类变化越来越多，使得文旅不断突破产业边界，动态发展。目前，文旅之间存在交叉重叠的部分，这正是文旅融合发展的体现。

表1-1　文化产业中具有旅游属性的类别

文化产业类别	国民经济行业代码	文化产业类别	国民经济行业代码
博物馆	8750	烈士陵园、纪念馆	8760
野生动物保护	7712	野生植物保护	7713
公园管理	7851	游览景区管理	7852
游乐园	8920		

因此，文旅融合并不会因为文旅的关系而受到影响。随着文旅从资源到产品，再到市场的不断融合，它们之间交叉重叠的部分将越来越多，融合形成的新业态将越来越多样，文旅之间的融合也将更加广泛而深入。

在研究文旅融合发展时，还需注意其与文旅的区别。伊维特·赖辛格（Reisinger，1994）将文化旅游定义为旅游者为获取新的文化体验经历而产生的旅游行为，包括遗产旅游、宗教信仰旅游等。文旅是重要的旅游细分市场，可以看成文旅融合的表现，但是文旅融合的结果并不仅仅只是文旅。文旅的融合是一个动态发展过程，产业链的各个环节都有可能发生交叉、渗透，且融合方式与路径多种多样，融合结果的表现多种多样，文旅只是其中的一种表现形式。

文化是旅游的核心和灵魂，旅游是文化的载体。文化因素已经渗透到现代旅游经济活动中生产、交换、消费等各个环节；通过旅游开发，文化资源有了良好的开发载体、传播平台和保护机制，并使文化在保护性开发中实现产业化发展。总之，文旅相互依存、相互促进、密不可分，文旅的兴起表明文旅之间的融合正在发生。

二、文旅融合发展的意义

（一）促进旅游产业转型升级

随着现代经济的发展，经济的增长越来越依赖单位要素产出效率的提高，而不是要素投入量的增加，经济增长方式也逐渐由粗放型向集约型转变。旅游经济增长方式是指通过旅游生产要素投入的变化，包括生产要素的数量增加、质量改善和组合优化，来实现旅游总产出数量的增加，强调旅游生产力的提高和发展。在旅游市场不断成熟、旅游需求不断变化、旅游市场竞争日益激烈的发展背景下，旅游产业亟须摆脱只追求数量与规模的粗放型增长模式。

　　文旅的融合,意味着两个产业在技术、产品、企业、市场等方面将发生一系列融合,而融合过程就是多层面的产业创新过程。与文化产业的融合,将促使旅游产业形成新业态、新产品,在满足旅游者多元化需求的同时促使文旅产业焕发新活力。旅游业态是指旅游企业为满足旅游市场的需要,对旅游各要素进行组合而形成的包含了产品、经营模式和组织形式的一种形态。在旅游业态中,经营模式是核心,组织形式是支撑,产品是表现。旅游产业除了传统的餐饮、交通、住宿、景区、旅行社等产业,还吸纳了文娱体育、歌唱演艺、创意设计、工艺美术等文化产业内的行业组织,使得旅游产业内的行业结构更加多元、合理。同时,旅游产品在形式上更加多元化,传统的观光旅游产品不断升级为具有文化特征的度假、休闲、康体、健身等旅游产品;在内容上融入更多文化元素,如"食"更具文化寓意,"住"更具文化理念,"行"更具文化品位,"游"更具文化内涵,"娱"更具文化特质。与文化产业融合后所产生的旅游新业态将丰富旅游产品和服务类型,使旅游业态更有活力、更加文明、更具特色,旅游产品的文化丰度和深度得到提高,衍生出更多具有文化功能的旅游产品,以利于旅游产业由传统观光游览层次向高层次、高品味的休闲体验旅游模式转变提升,从而更好地满足旅游者高层次、深内涵的文化消费需求。

　　在文化产业与旅游产业融合过程中,资本、技术、劳动力等产业要素将在文旅之间共享,资源流动范围扩大,资源配置速率、效率得到显著提高。同时,旅游产业还将汲取和利用文化产业中的诸多软性要素,如文化资源、文化创意等。在"经济—文化"一体化发展背景下,文化创意成为推动旅游经济增长方式转变的重要因素:文化创意的运用能够将新点子、新想法注入原有的旅游资源、旅游产品开发中,能更加有效利用、开发文化资源,并将各种自然的、人文的、有形的和无形的资源有效地转化为旅游产业发展的资本,促进经济资本、文化资本和社会资本相互转化，从而使旅游产业更多地依靠文化资本、社会资本而实现更高层次的发展。同时，文化具有丰富的内涵与广阔的外延，文化产业的辐射效应与渗透效应为与之融合发展的旅游产业升级提供了外部推力，使得旅游产业本身发展的内生动力增加，进而拥有更广阔的发展空间，在广度与深度上更进一步向前发展。在与文化产业融合过程中，旅游产业结构将得到优化升级，旅游经济增长方式将逐渐向创新型、文化型、内生型转变，整个旅游产业系统将朝着高级化不断发展。因此，文旅融合将促进旅游经济的持续繁荣，保证旅游经济的高质量、可持续发展。

（二）推动文化产业快速发展

文化产业是一种特殊的文化形态和经济形态。旅游作为文化的载体，为文化交流、传播提供了良好的平台，是文化得以生存、延续、发展、重生的重要媒介之一，能够有效助推文化产业的快速发展。随着国民经济的发展和国民素质的提升，以及《国民旅游休闲纲要（2013—2020年）》等文件的颁布，旅游逐渐成为人们生活的重要组成部分，由此创造的巨大客源市场为文化产业的快速发展提供了广阔的市场空间。在与旅游产业融合过程中，随着市场需求的变化和文化市场的进一步改革，文化产业将沿着更符合时代特征、更符合大众需求的道路快速前进，从而更好地发挥文化产业的文化服务功能。

新颖性是新兴文化产业发展的关键。在文旅融合发展中，文化内容既是文化产品的重要组成部分，也是影响旅游产品质量的重要因素。来自不同地域的旅游者，拥有不同的甚至截然相反的文化背景，使其在旅游过程中对文化内容及表现形式要求各异，最终使得文旅不断接受新刺激，发展新内容，挖掘新形式。

文化与旅游产业融合发展，一方面有利于保护和传承优秀的传统文化，另一方面有利于促进新兴文化产业的挖掘与发展工作。文化产业的发展强调原创，而原创的源泉是传统文化。传统文化资源是旅游产业开发利用的宝贵资源和精华内容，通过旅游开发形成的文化产品可以较好地反映新时代的价值理念和精神风貌，为传统文化的保护和传承提供新的发展方向。

旅游者的需求是动态的、多样的，在旅游过程中对文化的需求也不是一成不变、完全相同的。文化产业作为一种特殊的文化形态，所包括的文化资源作为旅游产业开发与保护的重点，在与旅游产业融合发展过程中更易被开发成具有文化内涵的旅游产品。这些产品既包括物质形态的产品，如博物馆、纪念馆等公共服务设施建设，陶瓷、木雕等旅游工艺美术品，特色美食、服饰等旅游商品；又包含精神形态的产品，如少数民族歌舞表演、景区实景演出、少数民族传统节日节庆，以及非物质文化遗产等。文化产品的种类在文化产业与旅游产业的融合过程中不断增多，内涵不断丰富；同时，文化产业资源在文化产业与旅游产业的融合过程中得到更好地开发、保护与传承。

文化产业作为一种特殊的经济形态，目前，市场化是其实现突破发展的关键，旅游产业的市场化可为文化产业市场化提供吸引力。由旅游市场带来的经济效益可为文化产业的发展提供经济支撑，使文化产业的发展更加符合市场规律，催其生产出具有更高价值和更高质量的产品，进而促进文化产业在质量上不断提高。数量与质量上的双重发展能够使文化产业不断提质增效，更加健康、快速发展。

（三）繁荣文化事业

文化事业是提供公共文化产品和服务的公益性文化部门及其行为，主体是事业性文化单位。文化产业是从事文化产品的研发、生产、营销及提供文化服务的经营性行业，主体是文化企业法人。文化事业与文化产业虽然主体不同，但二者的生产对象都以"文化"为核心，其本质都是生产精神文化，二者是相互依赖、相互渗透、相互转化的关系。文化事业的核心是非营利性。党的十六大报告提出"经营性文化产业"和"公益性文化事业"两大类别。在市场经济条件下，仅依靠政府的支撑实现文化事业大繁荣非常困难。此外，在满足人民群众多样化、多层次、多方面精神文化需求方面，文化事业因受财力、物力、人力等局限很难统筹兼顾。文旅融合是二者通过相互渗透、相互交叉而形成新产业或新产业价值链的动态发展过程，在此过程中所产生的经济效应和社会效应促使中国传统文化与新兴文化的继承、更新形成良性循环机制，并在文旅发展中潜移默化地成为一种生产力，有助于消除地区差异，最终达到文化事业的繁荣兴盛和文化强国的目的。

我国历史悠久，文化底蕴深厚，形成了丰富、厚重而珍贵的文化资源宝库。随着我国文化体制的改革，文化资源宝库中的一些文化资源得到有效开发，但很多极具社会价值与经济价值的文化资源仍是"藏在深处的瑰宝"，处于待开发状态。文旅融合可以有效地提升文化资源的利用率，使得大量尚待开发的文化资源得到充分利用，从而在丰富文化产品、旅游产品的同时，起到繁荣文化事业内容的作用。

文旅融合能使富含历史文化内涵的遗址遗物、充满民族特色的工艺和美食、承载教育传播意义的博物馆等得到新的支撑力量和新的发展动力，进而促进文化事业的欣欣向荣。同时，在文旅融合发展过程中，服饰、饮食、工艺美术、宗教民俗等传统文化，包括一些濒临消失的非物质文化遗产，可以通过旅游节庆、旅游博览会等各种旅游平台得到展示和挖掘利用，逐渐形成文化保护、开发、传承、弘扬的良性循环，在这个循环过程中，文旅融合发展将产生良好的溢出效应和引致效应，使得文化成为社会进步发展的生产力，不断创造经济价值和社会价值，从而为繁荣社会主义文化提供良好的发展保障机制。

第二节　文旅融合的核心理论

"宜融则融、能融尽融"，找准文化和旅游工作的最大公约数、最佳连接点，各领域、多方位、全链条深度融合，实现资源共享、优势互补、协同并进，是形成旅游业和文化产业发展的总体思路，也是二者发展的新优势。

一、树立文旅融合理念

1. 理念融合

思想是行动的先导，要把理念融合放在首要位置，从思想深处打牢文化和旅游融合发展的基础，推动文化和旅游深融合、真融合。

（1）以文促旅的理念

文化的生产、传播和消费与旅游活动密切相关。文化资源是旅游发展的核心资源，文化需求是旅游活动的重要动因，文化创意是提升旅游产品质量的重要途径。提升思想道德观念、利用文化资源、将文化创意引入旅游活动等文旅融合手段能增强产品吸引力，丰富旅游业态，提升旅游品位，拓展旅游发展的空间，再通过公共文化机构、对外文化交流等平台，能够为游客提供更加丰富的服务，从而促进旅游推广。

（2）以旅彰文的理念

旅游是文化建设的重要动力，是文化传播的重要载体，是文化交流的重要纽带。发挥旅游的产业化、市场化优势，能够丰富文化产品的供给方式、供给渠道、供给类型，带动文化产业发展、文化市场繁荣。发挥旅游公众参与多、传播范围广等优势，能够扩大文化产品和服务的受众群体和覆盖面，对内更好地传播中国特色社会主义文化、弘扬社会主义核心价值观，对外增强国家文化软实力、提升中华文化影响力。

（3）和合共生的理念

文化是旅游的灵魂，旅游是文化的载体，二者相辅相成、互相促进。文化和旅游相互支撑、优势互补、协同共进，才能形成新的发展优势、新的增长点，才能开创文化创造活力持续迸发、旅游发展质量持续提升、优秀文化产品和优质旅游产品持续涌现的新局面，才能更好地满足人民对美好生活新期待，才能促进经济社会发展、增强国家文化软实力和中华文化影响力。

2. 推进产业融合

要积极寻找文化和旅游产业链条各环节的对接点，发挥各自优势，形成新增长点。

（1）促进业态融合

①实施"旅游+"和"文化+"战略，推动旅游、文化及相关产业融合发展，不断培育新业态。②深入实施"互联网+"战略，推动文化、旅游与科技融合发展。③统筹推进文化生态保护区和全域旅游发展，推动表演艺术、传统技艺等各类非遗项目进重点旅游景区、旅游度假区。④推进红色旅游、旅游演艺、文化遗产旅游、主题公园、文化主题酒店等已有融合发展业态提质升级。

（2）促进产品融合

①加大旅游资源和文化资源的梳理、普查、挖掘力度，以文化创意为依托，推动更多文化资源转化为旅游产品。②开发一批具有文化内涵的旅游商品并将开发成熟的文创旅游商品推向市场，接受广大游客的检验。③建立一批文化要素完善、文化主题鲜明的特色旅游目的地。④支持开发融文化创意、度假休闲、康体养生等主题为一体的文旅综合体。⑤推出更多文化遗产、寻根、研学等专题文旅线路和项目。

（3）释放大众文旅需求

构建促进旅游和文化消费的长效机制，顺应游客和当地居民消费升级趋势；积极培育体验消费、网络消费、时尚消费、智能消费、定制消费等消费新热点；完善行业标准体系、服务质量评价体系和消费反馈处理体系。

3. 推进市场融合

富有活力、供给有效、统一有序的市场是文旅融合发展的重要基础。要以文化市场综合执法改革为契机，推动文化和旅游市场培育监管工作一体部署与一体推进。

（1）促进市场主体融合

①鼓励旅游企业与文化机构对接合作，支持文化和旅游跨业企业做优做强，推动形成一批以旅游和文化为主业、以融合发展为特色、具有较强竞争力的骨干企业和领军企业。②优化营商环境，促进创新创业平台和众创空间服务升级，为文化和旅游领域小微企业、民营企业的融合发展营造良好的政策环境。

（2）促进市场监管融合

①及时加强关注，引导融合发展的新业态，不断更新监管理念。②实施各类专项整治、专项保障活动，建设信用体系，开展重大案件评选、举报投诉受理、证件管理等工作，统筹规范文化市场、旅游市场。

（3）执法队伍整合

全力推动文化市场综合执法队伍整合组建，深入推动《关于进一步深化文化市场综合执法改革的意见》贯彻落实，及时构建文化和旅游市场执法改革制度框架；按照中央统一部署的时间节点和任务，推动执法队伍整合到位。

4. 推进服务融合

协同推进旅游与文化的公共服务，落脚到为居民服务和为游客服务，发挥好综合效益，是深化文化和旅游融合发展的重要内容。

（1）统筹公共服务设施建设管理

探索改造、建设文化和旅游综合服务设施，推动公共文化设施和旅游景区的厕所同标准规划、建设与管理。

（2）统筹公共服务机构功能设置

在旅游公共服务设施改造、修建中，增加文化内涵，彰显地方特色；利用公共文化机构平台，加大文明旅游宣传力度。

（3）统筹公共服务资源配置

推动公共服务进旅游景区、旅游度假区，构建主客共享的文化和旅游新空间，在游客聚集区积极引入书店、剧场、影院等文化设施，统筹实施一批文化和旅游服务惠民项目。

5. 推进交流融合

旅游和文化都是传播先进文化、推动文明交流互鉴、增进人民友谊的桥梁，是讲好中国故事、传播好中国声音的重要渠道。文化和旅游融合发展必须在交流融合方面下大力气、做大文章。

（1）工作层面

整合对外和对港澳台文旅交流工作力量，整合海外文化和旅游工作机构，统筹安排交流项目和活动，全力推进文化传播和旅游推广。

（2）渠道方面

发挥好美术馆、博物馆等文化机构和旅游饭店、旅行社、旅游景区景点在传播中国特色社会主义文化方面的重要作用，引导各类导游、讲解员和亿万游客成为中国故事的生动讲述者、自觉传播者。

（3）载体方面

综合发挥文化和旅游的各自优势，推动更多优质旅游产品、优秀文化产品走向国外、进入主流市场、影响主流人群，把中华优秀传统文化精神标识展示好，把当代中国发展进步和中国人的精彩生活表达好，为提高国家文化软实力和中华文化影响力做贡献。

二、文旅深度融合

文旅融合在价值和精神层面的契合主要体现在文化和旅游在功能和价值的一致性上。文化是人类长期创造形成的产物，是一个民族的精神和灵魂，是国家发展和民族振兴的强大动力，天然具有吸引物属性。旅游是人类追求精神享受、满足对于外部世界的好奇心的重要方式，其价值既表现在旅游者追求的精神享受和文化熏陶上，也表现在旅游的文明传播功能、文化交流功能和友谊增进功能中。文化和旅游统一于人的全面和自由发展，二者在功能和价值上是统一的。

1. 资源维度的文旅融合

文旅资源维度的融合主要体现在文化对旅游的贡献上。文化让旅游的内涵更加丰富、更富魅力。从资源和产品角度分析，文化和旅游似乎从来就没有分开过。历史上，无论是皇帝"巡游"，还是官僚"宦游"，抑或是文人雅士的"游学"，以及僧侣的"游方"，文化和旅游从来就是一对孪生兄弟，相互包含，相互吸纳融合。传统的文化资源并不天然是旅游资源，但文化遗产天然具有吸引物的属性。文化是一个包含多层次、多方面内容的统一体系，如哲学、宗教、政治、科学、文学、历史、艺术、风俗等。这些内容并不天然具有吸引物的属性，也不见得对普通旅游者具有吸引力，与旅游资源直接发生关联的是"物质"文化或者非物质文化的物化成果。

一个具有独特文化特征并可识别的文化区域，或者更大尺度的文化泛区，因为存在大量不同于游客惯常生活环境的文化细节，即文化特质，所以具有了某种吸引力，进而随着旅游业的诞生而成为旅游目的地。例如，博物馆是典型的文化资源，英国把博物馆变成了非常重要的旅游观光产品。赋予风景资源以文化内涵，使得自然旅游资源与其他同类型资源区分开来，只有增强显示度、区分度，才能在激烈的市场竞争中杀出重围。同样是山岳型风景区，如泰山、黄山、庐山、武夷山等，风景虽有不同，但其文化标签才是吸引游客、宣传营销的"卖点"。位于美国和加拿大交界的尼亚加拉大瀑布，是世界上最壮观的瀑布之一，但不可思议的是，在旅游市场上尼亚加拉却是"蜜月之都"。美丽的风光加上蜜月文化，成为尼亚加拉大瀑布的核心竞争力。

旅游服务环节同样需要文化的积淀。例如，饭店行业属于典型的服务领域，不仅需要技术和态度，还需要文化这个最高标准。著名旅游经济和管理专家魏小安曾经总结过旅游星级饭店的基本要求：一星级要求是卫生；二星级要求是亲切；三星级要求是舒适；四星级要求是豪华；五星级要求则是文化。由此可见，文化是旅游服务的最高境界。总台、大堂副理、餐饮服务、客房服务等各个环节的岗位都需要有文化、有技能、有情操。再如餐饮服务，消费者对于色、香、味、形的要求也是文化，所谓"食不厌精，脍不厌细"。

从文旅高质量发展的角度分析，现在人民群众对文化和旅游的需求已经从"有没有、缺不缺"发展到了"好不好、精不精"。为适应文化和旅游供给主要矛盾的变化，必须从追求数量转到追求质量和品质的提升上来。在全国的景区中，一方面，很多景区面临严重的"同质化"现象，运营非常困难，处于亏损状态；另一方面，景区的中高端产品严重供给不足。对于休闲型游客而言，景区的文化越厚重，带来的压力就越大，也就越不符合游客的旅游心理需求。可以说，文化只是解决了一个"想来看"的卖点问题，如果内容、形式表达不到位，好看、耐看、回头看的后续问题没有解决，可欣赏、可享受、可回味的问题没有解决，"文化是旅游的灵魂"就是一句空话。自然风光型景区的重游率远远高于纯文化景区就是明证。

2. 市场维度的文旅融合

文旅融合是产业和文旅市场维度的融合，主要体现在旅游对文化的贡献上。旅游让文化插上了市场的翅膀，飞得更高，看得更远，影响更深，活力更强。旅游是文化传播、传承、交流的载体和平台，更是将其推向市场、展现经济和社会效益的检验平台。文旅产业融合的作用主要体现为文旅产业融合可以更好地推动文化产业上规模、上层次，构建现代文化产业体系。旅游业是全球最大的产业，市场需求巨大，对文化的带动作用绝对不可轻视。文化一旦经过新的开发和包装进入旅游市场，随即从对于本地居民的内在意义（tacit meaning）转换成对于游客的外在意义（explicit meaning），其市场价值开始显现。尤其是全域旅游理念深入人心，各地区将全要素、全过程、全方位推出"活着"的文旅产品，势必促进文化产业规模的快速扩大。

当然，旅游市场上容易出现一个现象：一旦将文化全部或者绝大多数展现给游客，文化的内容便开始异化，往往从真实文化（authenic culture）变为"表演型文化"等。一是将游客与当地文化、当地居民隔离开来。二是文旅产业融合可以更好地推动传统文化的保护和传承创新。一旦进入旅游市场，文化就必须从虚拟化、抽象化、书本化走出来，走向实体化、景观化、具象化，从传统的文化事业"静态"消费走向新的"动态"消费。实现这种转化的重要途径就是文化创意。例如，依托民俗文化发展民俗旅游，让更多的民间工艺、民俗节庆增强生命力；依托乡村文化发展乡村旅游、乡村度假，进一步激发乡风、乡愁、乡情；依托革命文化发展红色旅游，进一步弘扬爱国热情；依托中华传统文化发展研学旅游，促进优秀传统文化的挖掘、整理、普及和传播。三是文旅产业融合可以真正实现"文化搭台、旅游唱戏"，并可通过旅游交流平台，促进文化的交流交融与互鉴互学。

中国是东方文明古国，文化就是最普遍的旅游资源，而旅游必将成为最广泛的文化市场。所谓"以旅彰文"，就是作为文化传承、传播、交流的载体和平台，旅游使得传统文化具有了市场吸引力，提升了文化的受众面，从传统的市民扩展到了游客。从行业角度分析，文化产业与旅游产业具有天然交融的基因、互为因果的需求。文化促进旅游特色化、品质化，旅游提升文化的市场竞争力和影响力。随着机构改革的持续推进和新组建的文旅部门的持续发力，文化产业和旅游产业两大产业体系最终会形成一个全新的文旅产业体系。

3.行政维度的文旅融合

文旅融合是保护和利用的共赢。鉴于旅游业的综合性和兼容性特征，地方旅游部门与其他部门多有交集。近年来，地方旅游管理体制的改革实践一直没有停止过。根据旅游资源的突出特征，各地旅游部门与林业、农业、文化、风景园林、文物、商贸、外事、会展等部门都有过合署办公的尝试，但整体效果不佳。现代旅游产业自诞生起，就与文化联系紧密，但是长期以来，旅游与文化"只恋爱不结婚"，甚至为了一种理念而多年互相"仇视"、互不来往的现象一直存在，其原因就在于部门分割、利益分割和体系分割。

文化和旅游部门之争主要集中在专家层面，文化专家和旅游专家在风景区索道该不该建、资源如何利用、文化和历史遗产如何开发等问题上争论不休。旅游部门专家反对文化部门在文物文化保护中采取的极端保护主张，认为不能过于强调简单化、教条化的保护，其结果是文化变成了玻璃罩中的标本，让人无法充分亲近和感受，没有充分发挥其应有的社会价值；而文化部门专家反对旅游部门打着开发的名义不断破坏真文物、制造假文物。这两派专家在一段时间内甚至势不两立，影响了部门之间的感情，妨碍了部门之间的关系。双方都有理由但缺乏理性，问题的关键不是理念而是能力和技术。当时限于技术条件，无法在不破坏文物价值的情况下实现保护与开发的协调发展，随着文化和旅游两大部门的合并，以及保护利用技术的提高，"相逢一笑"的局面在不远的将来就会实现。

在国家层面，旅游部门以一种特殊的方式实现了从副部级升格为正部级的"梦想"，大大增强了旅游业的行业管理权威和部门协调能力。在省级层面，文化和旅游部门整合是强强联手，可以发挥"1+1＞2"的效应。在市县层面，文化和旅游部门融合之后的行政叠加效应，让文化部门发现了旅游这个新战场，行政积极性大大提高。文化和旅游部门的整合可以带来很多的积极效应，主要包括：可以实现文化发展政策与旅游发展政策的叠加，让老百姓有更多的获得感，扩大幸福产业的覆盖面；各地政府的旅游发展资金、文化发展基金可以在一个部门内实现整合，更好地打造文旅产品；文化用地政策与旅游用地政策叠加，可以更好地保障文旅项目用地；文旅招商、政府营销等市场推广可以实现文化和旅游资源整合，形成新的合力；将原有的文化市场执法与旅游市场监管整合，组建文化市场综合执法队伍，统一行使文化、文物、出版、广播电视、电影、旅游市场行政执法职责，对于形成良性互动的旅游文化市场十分有利。

如果有人认为文化和旅游部门合并就万事大吉，文旅产业自然就融合了，这种想法是天真的、有害的。原来的文化行政管理部门的统筹管理包括图书馆、文化馆、艺术馆、博物馆等文化事业，而哲学、政治、精神、价值观等领域的文化分属于宣传、统战、发改、城乡建设、农业农村、广电体育等多个部门，需要党委和政府进一步统筹协调。与此同时，我们也要充分认识到，文化和旅游部门的合并在带来正面效应的同时会产生一些负面效应。在机构改革之前，虽然保护和利用的矛盾主要表现在文化部门与旅游部门之间，但是文化部门对保护工作和旅游部门对利用工作都是高度重视的，只是部门之间表现出了工作侧重点的不一致，这是由部门工作职责的不同造成的。在机构改革之后，保护工作和利用工作进入同一个政府行政部门，原来"在门外打架"变成了"在门内打架"，这种矛盾的张力和冲突性更加凸显。因此，在机构改革之后，如何处理好保护和利用的关系需要引起我们的高度重视。

4. 人才维度的文旅融合

文旅融合是供给和需求的匹配。人才是第一资源，培养造就一支高素质的文旅人才队伍是旅游与文化融合发展、文旅产业可持续高质量发展面临的首要任务。当前，旅游行业人才匮乏的局面依然十分严峻，主要表现在两个方面：一是旅游管理专业毕业生大面积流失，旅游行业留不住人已经成为业内共识；二是新的旅游产业类型快速兴起，如民宿、特色小镇、乡村旅游等，对旅游经营管理人才需求大幅增加。根据中国旅游发展的历史进程分析，产生这种现象的主要原因有两个：一是旅游从业者职业地位的尴尬。随着旅游行业规模的不断扩大，旅游业地位不断上升，但旅游从业者的职业地位急剧下降，旅游从业者的职业吸引力不断下降。最近的职业市场调查显示，旅游业在所有行业中平均收入排在倒数第二位。二是旅游学科定位的尴尬。20 世纪 80 年代，旅游业快速发展，对人才需求十分强烈，各地各高校迅速响应，建院建系，兴办了大批旅游专业，但旅游专业的学科人才非常匮乏，不得不从相关学科转入。这使得旅游学术研究长期停留在"嫁接"和"交叉"上，杂乱无章、东拼西凑的问题较为突出，旅游学科自身的学术体系、知识体系、人才培养体系一直处于非体系化、非学科化的状态。文化人才的培养同样不乐观，很少有高校设置文化产业、文化创意等文化类专业，其原因有三：一是国务院学科目录中没有设置文化学科，有的学校把文化产业、文化创意等专业放在文艺学，有的放在管理学，致使文化的学科地位非常尴尬；二是对教师队伍要求很高，没有哪个二级学科能依靠自身力量建立完整的包括艺术设计、文化鉴赏、产业经济等跨学科的专业教师队伍；三是学生就业指向不清晰，文化专业毕业生虽然知识面广，但是专业性不足，人才适应性不强，从而导致就业困难。

随着国家对文化产业的投入不断增加、产业规模不断扩大、人才需求不断增长，人才供需脱节的问题有望通过文旅结合方式来解决。可以预计的是，文旅融合将为新型人才的培养带来革命性的变化。文旅专业招生将为行业培养既懂文化、又懂旅游的专业化人才队伍，解决人才培养与市场需求脱节的结构性失衡问题，一个新兴的文旅学科专业建设将进入快车道。中国文旅专业人才培养体系所面临的难题有望在文旅部门和高等院校、文旅企业的共同努力之下得到破解，将有越来越多的优秀文旅人才脱颖而出。

三、文化产业与旅游产业融合

文化产业和旅游产业因其本质属性和特征具有天然的耦合关系。一方面，从本质属性上看，文化产业和旅游产业都是拥有经济、文化双重属性的综合性产业，二者融合发展有利于实现互动共赢；另一方面，文化和旅游是互补性产业。在稳增长、调结构、促改革、惠民生的新时代背景下，文旅融合发展能够带动文化和旅游产业转型升级，催生新兴产业，激发企业发展活力，满足人们多样化、个性化、高品质的文化消费需求。

1. 以理念融合为基础

文化和旅游的融合不是把一些简要的文化元素添加在旅游过程中，也不是单纯对文化资源进行旅游产业化的开发，更不是产业间的消融解构、此消彼长，而是蕴含着发展思维、发展理念。正如"文化+""旅游+"和"互联网+"强调的是产业间的互利共赢、相融共生，文旅融合的基础是从思维和理念上树立融合发展的意识，明确文化和旅游融合不是简单的"拉郎配"。

2. 以职能融合为保障

组建文化和旅游部是贯彻党的十九大精神、全面深化改革、推动国家治理体系和治理能力现代化的重要体现，是致力于解决多年来旅游主管部门和文化主管部门在行政管理体制上多头管理、职责分散交叉等管理方面的痼疾，解决诸如旅游文化资源在利用和保护方面难以协调管理、统筹把握等问题。文化和旅游部的组建只是职能融合的开始，应在理顺管理机构体制机制的基础上，充分整合和发挥资源融合、资本融合、人才融合的优势，推动文化和旅游的可持续发展。

3. 以资源融合为抓手

文化资源所具有的原真性和独特性是文旅的灵魂。文旅资源通过利用和活化开发，能够转化为具有持续开发潜力和优势的价值。此外，通过文化资源的产业化和商品化，能够将静态的物质资本转化为可供人们所感受和体验的文化资本，使"旅游产业的文化化"和"文化产业的旅游化"得以实现。根据世界经济论坛《2017年旅游业竞争力报告》（The Travel & Tourism Competitiveness Report 2017），中国文旅资源丰富，其竞争优势位居全球首位，但中国文旅竞争力的综合排名却仅为全球第15名。因此，要深入挖掘文旅资源潜力，借助互联网信息技术和融媒体传播技术，推动优秀文旅资源的保护和活化利用，向存量资源要效益，将资源优势转化为产业优势，释放经济发展新动能。

4. 以产业融合为核心

产业融合的关键在于产业价值链的融通。文化产业和旅游产业有各自的产业发展规律和逻辑，文化产业附加值高、变现能力强且具有融合力，旅游产业经济拉动力、产业带动力和消费感染力强。寻求和匹配文化产业与旅游产业价值链的契合点和融合点，有利于充分发挥文化和旅游在产业发展中的相互作用及在整个社会经济中的推动作用。此外，在文化和旅游产业及相关产业融合发展中，要注重培育和发展新业态，使其成为经济社会持续发展的重要力量。

5. 以科技融合为助推器

产业融合创新因技术融合发展而带来了新的发展机遇。5G 时代，文旅和科技深度融合，有利于促使文旅发展渠道、组织形态、产品形式和生态环境发生重大变革，进一步开拓市场空间，提升产业效能。2018 年，国家提出要推动旅游与文化、科技融合发展，强调要借助大数据技术推动全域旅游发展。随着数字经济的快速发展，人工智能、云计算、虚拟现实等多领域技术发展迅猛，且在不断地加快文旅融合。科技的快速发展将带来文化和旅游产业呈现方式与体验感受的颠覆性改变，加快推动文化和旅游的深度融合。

四、文旅融合需要关注的五大问题

习近平总书记在福建和安徽考察时强调，要推进文化和旅游融合发展，把文化旅游业培育成为支柱产业。随着人民日益增长的美好生活需要，我国经济由高速增长阶段转向高质量发展阶段，在此过程中，文旅融合发展需要关注以下问题：

1. 推进职责整合，形成协同合作机制

推进职能整合，确保职责到位。世界各国的政府越来越重视文化与旅游的紧密关系，通过政府管理机构的调整，促进这两个产业和事业的共同发展和融合，如韩国的文化体育观光部，日本的国土交通省（观光厅），澳大利亚的贸易、旅游和投资部，英国的文化、传媒和体育部，俄罗斯的体育旅游青年事务部等。但是，行政管理机构的调整并不意味着机制整合工作的结束，重头戏还是职责到位，要根据产业发展的需要打破文化和旅游行业边界，设计好内设部门职能和跨部级旅游政策协调机构，确保职责到位。

2. 理顺区域政府间的协作机制

鉴于我国行政区划和文化区划在空间分布上的不一致性，文旅融合发展要着力推进区域间的广泛合作和统一协调。具体而言，就是建立区域文旅合作机制和综合协调机制，明确责任分工，通过整合文旅资源、差异化发展，避免同质化恶性竞争，推动区域文旅一体化建设。随着《国家级文化生态保护区管理办法》和《大运河文化保护传承利用规划纲要》的颁布，文旅跨区域协调发展成为热点。对此，要建立目标明确的文旅区域协调发展模式和路径，加强文化协同、组织协同和战略协同，保护文化空间和文化资源的整体性、延续性和特色性，形成协同互助、特色鲜明的发展态势。

3. 完善统计体系，加强数据基础建设

在文化和旅游部组建后，国家统计局分别于 2018 年发布了《文化及相关产业分类（2018）》和《国家旅游及相关产业统计分类（2018）》。对比分析二者的产业门类划分，不难看出，只有旅游及相关产业中的"旅游游览""旅游娱乐"部分和文化及相关产业中的"文化休闲娱乐服务"重合，其他大部分类别不重合。

文化产业与旅游产业的统计工作可能仍有很长的路要走。首先，文化和旅游产业的统计核算十分复杂，涉及产业与事业的联系、多产业融合交织等问题，是否需要统筹文旅产业的统计体系、形成统一的统计报告，还需要根据产业自身的特性和发展规划进行研判。其次，高度重视文化和旅游产业领域的统计工作，进一步加强文化和旅游领域的统计基础性工作，如完善制度方法、基层数据和数据收集渠道等。此外，还要建立畅通的部门间工作机制，提高文化产业统计的整体水平；着力加大对文化产业统计数据的解读和宣传力度，做好数据的应用，形成切实可行的专题报告，指导和推动文旅融合发展。

4.注重文化传承，满足美好生活需要

（1）注重文化传承。文化和旅游融合有利于推动优秀传统文化资源的活化利用和传承创新。依托优秀文化资源发展文化和旅游业，不仅能增强文化旅游的特色和吸引力，提升产业竞争力，还能保护和传承优秀文旅资源，达到"以文化名城""以文化名人"的效果。当然，在文旅融合发展的过程中，要系统梳理优秀文旅资源，注重对文旅资源原真性、完整性、活态性的保护，以融合为路径，以科技为手段，以保护为前提，以市场为导向，推动文化和旅游可持续、高质量发展。

（2）满足美好生活的需要。以文化传承为目的推动文旅融合，有利于满足人们对美好生活的需要。文化变迁理论认为，文化在社会变迁中将发生功能上的改变，从满足人们在制度、物质上的生产、生活需要，转为对人们审美、心理上的满足。正是这种文化功能的变化推动了第三产业的发展，催生了文旅产业，反过来又从经济的角度推动文化传承和复兴。

五、文旅融合效益

随着人们收入水平的不断提高、国内消费结构的不断升级与城镇化建设的持续加快，外出旅游已经不单单只是为了观光游览，有品质的文旅才能给人们带来更多的体验感、满足感和幸福感，"好不好"已经成为人们美好生活的重要评价标准。为适应这种变化，以满足人民群众美好生活需要为文旅产业发展的出发点，依托传统优秀文化资源，优化文旅资源的配置，不断推出文旅精品，使群众能够享文化、乐旅途。

1.培育文旅新业态

加大文旅融合力度，培育文旅新业态。正如前文提到的，文化和旅游作为渗透性、交叉性、融合性较强的产业，势必会在发展过程中融合，同时与其他各个行业相互作用，催生新业态，成为经济发展的新动力。遵循文化和旅游产业发展规律，推动文旅在更广范围、更深层次、更高水平上实现融合发展，有利于最大限度地发挥文旅产业优势，释放产业效能。

（1）以文旅融合推动乡村振兴

借力文旅融合，推动乡村振兴。根据世界旅游组织出版的《2020年旅游业远景：全球预测与市场解剖》，2020年国际旅游市场上将有3%的旅游动机来自乡村旅游。乡村旅游作为文旅的重要形式之一，显示出强大的生命力和发展潜力，被越来越多的国家关注。在我国，通过文旅融合，大力发展乡村文旅，能够推动乡村振兴、巩固拓展脱贫攻坚成果、促进美丽乡村建设，唤醒乡村发展振兴的原动力，促进城市文化和乡村文化的协调发展。

（2）旅游演艺成为文旅融合的"排头兵"

2019年3月，文化和旅游部印发的《关于促进旅游演艺发展的指导意见》提出：到2025年，旅游演艺市场繁荣有序，发展布局更为优化，涌现一批有示范价值的旅游演艺品牌，形成一批运营规范、信誉度高、竞争力强的经营主体。旅游演艺产业链更加完善，管理服务体系基本健全，在推动文化和旅游融合发展中的重要作用充分彰显，对相关产业行业的综合带动作用持续发挥。近年来，旅游演艺进入快速发展期，从2013年到2017年，我国旅游演艺票房收入从22.6亿元增长到51.5亿元，增长了128%。但值得注意的是，旅游演艺也因缺少创新性和原创性、内容同质化、"叫座不叫好"、投资回报率低等问题而受到诟病。对此，要坚定文化自信，坚持正确的价值导向和以人民为中心的创作导向，加强对优秀传统文化资源的活化保护和传承，不断丰富旅游演艺文化内容，提高旅游演艺产品质量，不断创造出群众满意的、喜闻乐见的旅游演艺产品，满足人民日益增长的美好生活需要。

2.拓宽国际视野，增强文化自信

文化是国家形象传播的纽带，旅游是国家形象展示的重要窗口。文化和旅游融合发展在推动产业逆势增长和经济转型升级、扩大国家间交流合作和人文往来、传播国家文明成果和文化内涵、增强国家认同感与提升国家形象等方面都有着非常重要的作用。国务院发布的《"十三五"旅游业发展规划》提出，要构建旅游开放新格局，实施积极的旅游外交战略。

中国已经成为全球最大的旅游客源国和第四大入境旅游接待国。随着"一带一路"倡议的持续推进，文化和旅游融合发展迎来新机遇，成为展示国家形象、讲好中国故事的重要载体。

新的历史时期，文旅融合发展承载着不同的历史使命。一方面需要树立文化自信，深入梳理和挖掘优秀文化资源，调结构、促转型，丰富入境游客的文旅方式，提高境外游客的满意度和体验感，于无声中展现中华民族的文化魅力；另一方面要倡导文明出境游，每位游客的境外活动都是国家文化和形象的象征，要继承与弘扬中华民族文明古国和礼仪之邦的优良传统，提升国民素质，规范出境行为，为中国精神、中国气质的对外传播搭建桥梁。

第三节　文旅的关联性

一、文化和旅游活动的关联

文化对旅游活动的开展具有推拉的双重作用。旅游者被旅游目的地的文化所吸引而出游，旅游地通过挖掘自身的文化资源开发旅游产品。

（一）文化促进旅游活动的开展

文化和旅游活动存在高度的关联性。文化既是旅游活动的推动因素，也是旅游活动的拉动因素。旅游活动的发生在空间上表现为旅游者受到目的地的吸引而出游，其中文化是最重要的吸引要素，是促使旅游者出游的重要驱动力。20世纪80年代，旅游研究者认识到文化本身就可以成为一种商品，从而给文旅发展创造了极好的机会。20世纪90年代，当大众旅游市场开始细分时，人们对文旅的实质加以确认。文旅地的多功能性是文旅地受游客欢迎的关键因素（McKercher，2004）。文化的差异是人们外出旅游的外动力（保继刚，2013），出游的文化动机表现为人们为了认识、了解自己生活环境和知识范围以外的事物，其最大的特点是希望了解异国他乡的音乐、艺术、民俗、舞蹈、绘画以及宗教等情况（李天元，2002）。了解异域文化是人们出游的重要推动因素。

旅游资源的界定同样表现出了文化和旅游活动的相关性。旅游资源是那些对旅游者具有吸引力的自然存在和历史文化遗产，以及直接用于旅游目的的人工创造物（保继刚、楚义芳，1999）；也指客观存在于一定地域空间并因其所具有的愉悦价值而使旅游者为之向往的自然存在、历史文化遗产或社会现象（谢彦君，2004）。目前我国采用的现行国家标准《旅游资源分类、调查与评价》中指出，旅游资源是指自然界和人类社会凡能对旅游者产生吸引力，可以为旅游业开发利用，并可产生经济效益、社会效益和环境效益的各种事物和现象。对比发现，关于文化要素对于旅游资源的界定，早期更关注历史文化要素，后来增加了社会文化要素，目前文旅资源的内涵更为宽泛，只要能吸引游客到访的文化要素均被认定在文旅资源范畴中。这种宽泛性的文旅资源的界定是文化发展的必然结果。在旅游目的地的吸引物体系中，自然要素地域指向性明显且变化相对缓慢。文化要素同样具有地域指向性，但具有变化相对快速的特征，驱动了目的地文化吸引要素的内涵和范畴逐渐扩大，也进一步加强了文化和旅游活动之间的关系。

（二）旅游活动的开展可以促进文化恢复和传播

旅游活动和文化密不可分。文化除了可以作为旅游资源进行旅游产品开发之外，还可以扩大旅游产品的内涵和提升旅游产业竞争力；而旅游活动的开展也可以促进文化的传播和保护。旅游目的地在开发旅游产品的过程中深入挖掘地方文化内涵，使其成为具有吸引力的文旅产品。这一过程不仅表现为对旅游目的地已有文化资源的开发利用，还包括对已经消失或弱化的文化资源的恢复和修复，对旅游地文化资源的保护和利用能起到积极的作用。同时，文化要素的加入，也能够促进其他旅游产品的开发利用，扩大其内涵。

二、文化产业和旅游产业的交叉

文化产业和旅游产业存在关联和交叉。文化产业和旅游产业二者虽然分属于不同的产业系统，但二者具有高度的相关性。文化产业和旅游产业从理论上可以形成一种共生关系，这种共生关系建立在两大产业的内涵和特性基础之上。我国的旅游业在逐渐走向多元化的过程中，文化将发挥越来越重要的作用，尤其是作为经营性质的文化产业与旅游业的互动发展将成为旅游产业链延伸的重要途径。

从概念和类型划分来看，旅游产业和文化产业在产业内涵上存在高度的关联性，甚至产业内容高度重合。《文化及相关产业分类（2018）》中认为文化及相关产业是指为社会公众提供文化、娱乐产品和服务的活动，这些活动与旅游活动密切相关。旅游活动本质上具有经济属性、社会属性和文化属性，旅游活动也是文化传播过程。旅游产业具有文化产业和经济产业的双重属性，是文化活动和经济活动的有机结合，旅游产业的这种本质属性决定了其与文化产业的不可分割性。

文化产业和旅游产业的相关性受到了研究人员的关注，其中被关注较多的是影视业与旅游业的关系。研究结果表明，影视产业的发展不仅能够影响旅游目的地形象的构成（Schofield，1996；Kim，2003；Riley，Doren，1992），还能够直接拉动目的地游客数量的快速增加（Reley，1998；Tooke，1996），而作为外景地的旅游地则需要适时抓住这种曝光机会才能拉动旅游业的发展（Tooke，1996）。中国旅游在从观光游到深度休闲度假游转变的过程中，旅游产品和服务的供给越来越离不开对文化的挖掘，这成为旅游目的地留住游客的重要手段。丰富的文化体验尤其是所在地文化体验，成为自然风光之外旅游产品开发最重要的依托，文化成为旅游产品的灵魂，文化产品的开发也是延长旅游产业链的重要依托（叶一剑，2017）。文化产业和旅游产业的交叉日益紧密，二者之间产业融合程度、范围进一步深入、拓展。

三、文化和旅游管理体制

（一）文化和旅游管理职能交叉

由于文化和旅游之间的资源和产业关联，文化和旅游行政管理部门在职能方面存在明显的交叉。中华人民共和国文化部具有文化事业和产业功能，管理有旅游潜力的文物保护单位和文化遗产，管理具有旅游活动性质的文化活动和艺术活动，负责与旅游产业有重要关联的动漫等文化产业的发展规划。中华人民共和国国家旅游局的职责主要是统筹协调旅游业的发展，涉及资源普查、规划、保护等工作任务，其资源普查、活动的组织与推广、市场质量的管理等职责与文旅部存在明显的交叉。两部门职能权属的交叉在一定程度上不利于整体战略的制定和具体工作的开展。

（二）文化和旅游部的设立

文化和旅游管理部门的职能交叉促进了管理体制的融合。2018 年 3 月 14 日，国务院机构改革方案提请第十三届全国人民代表大会第一次会议审议，提议国家旅游局与文化部合并，组建文化和旅游部，不再保留原文化部和原国家旅游局。2018 年 3 月 17 日，会议表决通过了《第十三届全国人民代表大会第一次会议关于国务院机构改革方案的决定》，批准设立中华人民共和国文化和旅游部。2018 年 3 月，中华人民共和国文化和旅游部批准设立。文化和旅游部的设立为文化和旅游的深层次融合发展提供了体制保障。文旅管理体制的理顺，提升了文化和旅游资源的内涵，提出了"文旅资源""文旅产业"等关键词汇，进一步促进了文旅融合的深化发展。

四、文旅资源和文旅产业的提出

文化和旅游部的设立，进一步从管理体制上推进了文化和旅游的融合发展，文旅资源、文旅产业的概念和内涵也随之出现并发展。

（一）文旅资源

"文旅资源"指凡是能够对旅游者产生吸引力的自然事物、文化事物、社会事物或其他任何客观事物，皆可构成旅游资源（李天元，2003）。文旅资源是旅游资源的重要构成部分，其概念本身即有狭义和广义之分，且具有动态变化性。最初把具有文化价值的历史文物、遗产古迹等划分为文旅资源，后来由于非物质文化遗产的旅游价值逐渐提升，文旅资源的概念也囊括了许多活动性的文化现象（杨雪松，2015）。从狭义上看，文旅资源是集文旅有机结合为一体的一种旅游资源类型；从广义上看，凡是能为旅游者提供文化体验的旅游资源，包括具有历史、艺术或科学价值的文物、建筑、遗址遗迹以及口头传统和表述、表演艺术、社会风俗、礼仪、节庆、实践经验与知识、手工艺技能等传统文化表现形式都属于文旅资源的范畴（徐春晓、胡婷，2017）。

（二）文旅产业

从旅游的视角上看，文旅产业是旅游产业的衍生品，其发展核心以旅游业为主。如魏红妮（2013）将文旅产业定义为以人文旅游资源为基础，以展示文化内涵为内容，以行、住、食、游、购、娱六大要素为依托，通过产业化的经营模式生产旅游产品和服务，以满足游客文化体验需求的产业。李茜等（2009）认为，文旅产业是为游客提供旅游文化、旅游娱乐产品和优质服务活动，以及与其相关的活动集合。按文旅资源类型分，狭义的文旅产业可分为历史文化型和社会文化型。历史文化型是指利用历史文旅资源而形成的产业（龚邵方，2008）；社会文化型是指通过开发与社会文化相关的旅游资源而形成的产业（刘歆、刘玉梅等，2007）。

随着旅游业和文化产业的发展，文化和旅游产业的融合发展丰富了文旅产业的内涵。2009 年，文化部和国家旅游局联合发布了《关于促进文化与旅游结合发展的指导意见》，提出要加强文化和旅游的深度结合，促进旅游产业转型升级，满足人民群众的消费需求。随后，有关部门出台了一系列相关政策，文化产业和旅游产业的融合成为新时代旅游发展的重要路径。从产业融合视角进行界定，文旅产业就是文化产业和旅游产业的集合体。邵金萍（2011）指出，文旅产业是以文化为内容、以旅游为依托的综合性产业。文化产业的精神魂魄直接或间接地与旅游产业各子产业及关联产业相互渗透、综合发展，形成了潜力巨大的文旅产业（朱佳，2012）。按文旅融合模式分，文旅产业可分为延伸型、重组型和渗透型三种类型。延伸型是指由于文化和旅游的关联性使得文化产业和旅游产业之间的经济活动存在交叉和功能互补，以此实现产业间的融合。此类型保留了文化产业和旅游产业原有的价值链和特征，如文化创意产业园区、影视旅游基地等。重组型是指打破原有的旅游和文化产业的产业链，提取其中的核心价值环节，经过资源整合和产业重组构建新的旅游文化产业（张宏梅、赵忠仲，2015）。此类型典型的旅游产品包括节庆旅游、赛事旅游、会展旅游等（魏红妮，2013）。渗透型是指文化和旅游的产业链相互渗透、交融，形成"文化无处不在"的新型产业，其中典型的有主题公园、特色文化街等（熊正贤，2017）。文化和旅游管理体制上的融合进一步提升了文旅产业内涵，其产业边界具有动态发展的特征。

五、文旅融合的内涵解读

文旅融合在资源、产业、地域、政策等方面均具有深刻的含义。文旅融合是多方面因素共同驱动的结果，需要对其进行高端设计。

（一）文旅融合是体制发展与社会发展的双重驱动

文化和旅游部的组建促进了"文旅融合"这一名词的高频次出现和使用。文化和旅游部门的正式合并在管理体制上理顺了文化和旅游的关系，进一步推进了文化和旅游的深度融合。

文旅融合体现了新时代治理特色，管理体制的革新为文化和旅游的深度融合发展提供了制度保障。文旅融合体现了社会经济发展的阶段性进步。对文化和旅游的需求是在满足基本生存需要和安全需要的基础上产生的，对文化和旅游活动的进一步需求是在人们社会经济生活发展到一定水平，进而转到满足精神需求的阶段的背景下产生的。我国社会经济飞速发展，政治制度建设突飞猛进，取得的成就显著，人们随之产生了大量的文化和旅游需求。满足这种需求需要深入挖掘文化内涵和进一步提升旅游活动供给能力，二者共同驱动文化和旅游融合发展。

（二）文旅融合强调内生式增长

文化和旅游的融合，尤其是文旅管理部门的合并，凸显了文化和旅游的内在关联。基于文旅整体视角重新审视文化和旅游资源的开发利用和产业的发展，能够推进文旅产业内生式增长。文化资源与旅游活动的深度融合，拓宽了文化资源的使用范围，提升了文化资源的价值，扩大了旅游产品的文化内涵，实现了文旅产品的升级与产业的转型。以文促旅，以旅促文，是未来地域经济发展的创新模式，也是促进地域经济转型和发展的有力手段。

（三）文旅融合具有时空演化的规律性

文化和旅游的融合是一个时空演化的综合发展过程。文化和旅游部的设立是系统发展过程中一个里程碑式的事件，驱动着文旅融合的深入发展。文旅融合在时间上可以划分为初级阶段、发展阶段和提升阶段，在空间上呈现"点—面"的发展过程。文旅融合的初级阶段表现为资源融合，主要内容为典型的地方文化作为旅游资源被开发成文旅产品和文旅景区，空间上呈现"点"式旅游景区的发展形态；文旅融合的发展阶段表现为产业融合，文化产业和旅游产业形成耦合型产业系统，促使产生或创造新的文旅产业形态；文旅融合的提升阶段表现为地域融合，主要内容为以文化为主题和内涵的综合型旅游目的地的发展，空间上呈现"面"状文旅地域的发展形态（见图1-2）。

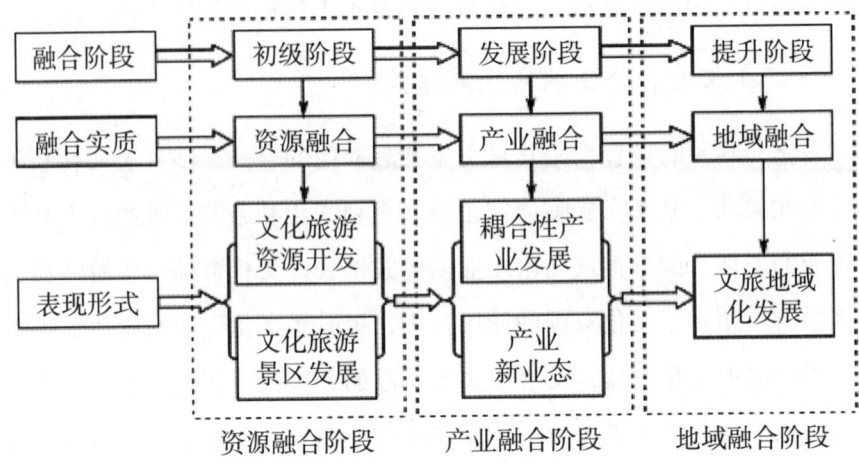

图1-2　文旅融合的时空演化规律

（四）文旅融合需要高端设计

文化的属性及文化产业的创意导向，要求文旅融合进行高端设计。文旅融合因地而异、因时而异，受到地区文化资源、旅游发展、社会经济发展、市场需求的转化等多种因素的影响。各个地区需要根据各自的优势和劣势条件，充分评估文旅融合的发展阶段和实质，制定高端的文旅融合发展战略，用以指导本地文旅融合的实质性发展，从战略层面形成差异性文旅融合发展产品体系和地域体系。

第二章　文旅产业融合发展可行性

第一节　文旅融合发展的基础

一、旅游市场与文化市场客源共享

　　市场是商品交换的场所，反映了商品在流通过程中发挥促进或辅助作用的一切机构、部门与商品买卖方之间的关系。旅游市场指旅游产品交换过程中所反映的各种经济现象和经济关系。按照旅游目的，旅游市场可细分为观光旅游市场、会议商务旅游市场、度假旅游市场、奖励旅游市场、探亲访友旅游市场、体验旅游市场、文艺旅游市场。文化市场是进行文化商品交换的场所，即以商品形式向消费者提供精神产品和各种有偿文化娱乐服务的场所。按文化商品生产或服务的业态分，文化市场可以分为文化产品市场、文化服务市场和文化要素市场。文化产品市场又可细分为艺术品市场、报刊市场、图书市场、音像制品市场、体育用品市场、文教设备市场。文化服务市场，是以文化服务活动形态为主的买卖市场，如艺术表演市场、休闲娱乐健身服务市场、科研咨询服务市场、广告策划服务市场、创意设计服务市场、网络服务市场等。文化要素市场，是各类文化商品生产和服务的要素买卖市场，如文化产业的知识产权市场、资金市场、技术市场、人才市场等。

从旅游市场和文化市场的细分可以看出，文旅在发展过程中具有共同的客源市场，如度假旅游市场与休闲娱乐健身服务市场、文艺旅游市场与艺术表演市场等。在融合的初级阶段，文旅企业可以充分利用共同客源市场，分享市场信息，合力把共享市场做大、做强。随着产业融合的不断深入，旅游产品与文化产品、旅游市场与文化市场也将不断融合，文旅的共享客源市场范围也越来越广、规模也将越来越大，进而不断推动文旅融合的深入发展。

二、旅游资源与文化资源的异同

旅游资源是一个地区旅游开发的前提条件，也是吸引旅游者的决定性因素。一般认为，旅游资源可以分为自然旅游资源与人文旅游资源两大类。根据国家标准《旅游资源分类、调查与评价》，旅游资源可以分为地文景观、水域景观、生物景观、天象与气候景观、建筑与设施、历史遗迹、旅游商品、人文活动八个主类。从文化构成的角度出发，旅游资源可分为三个层次：第一个层次是物质层面的文化景观，它是文化的物质载体，如名胜古迹、建筑文物等；第二个层次是制度与行为层面的文化风情，它是动态的"活"文化，具有较强的文化感染力，如民俗风情、宗教礼仪等；第三个层次是意识层面的文化艺术，它是运用一定的载体将文化系统、全面地表现出来，如戏剧、舞蹈、音乐、文学、工艺品等。[1]

文化资源是文化产业发展的基础，它存在于人类物质生产和精神生产的过程之中。文化资源是区域内独特的或具有比较优势的、能够为人类所利用和开发并可以直接转化为经济效益的文化因素，包括历史人物、

---

[1] 藤春惠、马晓东、沈正平：《江苏省旅游资源的文化构成及其开发》，《人文地理》2006年第6期。

文物古迹、民俗、建筑、工艺、宗教信仰、语言文字、戏曲等，也包括现代城市文明。文化资源既可以一种可感知的、符号化的形式存在，也可以一种思想化、想象化的形式存在。一般认为文化资源有三种存在形态：符号化的文化知识，如语言、传说、图案等；经验性的文化技能，如歌唱、舞蹈、演奏等；创新型的文化能力，如创造性的构思、创意、主题、灵感、方案决策等。按照文化构成的形态分，文化资源可以分为物质文化资源、行为文化资源、制度文化资源和精神文化资源；按照存在形式分，文化资源一般可分为有形文化资源（如历史遗迹、宗教建筑等）和无形文化资源（如民俗风情、节日礼仪等）；按照性质分，文化资源可分为物质文化资源和精神文化资源。文化资源是文化创意的来源和灵魂，以文化为底蕴的观念价值决定了产品的市场价值，并且能够提升产品的辐射能力和品牌的亲和力。比较旅游资源与文化资源的构成可以发现，一些资源既属于旅游资源，又属于文化资源，如人文旅游资源中的遗址遗迹资源、建筑与设施资源、旅游商品资源、人文活动资源等。人文旅游资源是指"人类在改造世界的过程中创造的、能吸引旅游者的物质财富和精神财富的总和"[1]，按照这个定义，人文旅游资源就全部包含在文化产品融合中。

当旅游产品处于"资源产品共生型"阶段，即文化资源本身就是旅游产品时，旅游产品处于低层次开发阶段。随着市场竞争的加剧，旅游产品在本底资源的基础上开始进行深度开发。这时就需要挖掘资源的文化内涵，以提升旅游产品的价值，进而提升旅游产品的吸引力与核心竞争力。

需要注意的是，旅游资源是动态发展的，其范围随着人们消费需求、认识水平、开发水平的发展而拓展。在旅游资源拓展过程中，创意以其

---

[1] 张立生：《旅游资源概念及谱系研究》，《经济经纬》2003 年第 5 期。

独特的创新性和知识性将各种文化元素注入旅游产业，有效整合社会经济发展中的各类有形资源和无形资源，通过对资源的旅游功能开发而不断开发出旅游新产品。

三、旅游产品与文化产品互补

（一）形式互补

旅游产品是指为满足旅游者审美和愉悦的需要而被生产或开发出来供销售的物象与劳务的总和。文化产品一般是指承载和传播思想、信仰与生活方式的消费品，它是以版权为核心的个人或集体的创作成果，在复制销售过程中，产品价值不断提升。文化产品一般包括图书、软件、录音带、录像带、电影、视听节目、手工艺品和时装设计等。特别需要注意的是，文化产品不同于一般的商品，它同精神类产品一样无法计算社会必要劳动时间，而且文化产品使用价值的实现与消费者的观念、文化素质相关联，因此文化产品同时具有商品属性和意识形态属性。文化产品按照产品的存在形态可以分为物质产品和非物质产品，按照制作过程可以分为艺术品、工艺品和工业品（表2-1）。

表2-1　文化产品分类

	定义	特点	代表
艺术品	指那些不可复制的、单一的、唯一的、纯粹的、稀缺的产品	个性化	戏剧、书画作品等
工艺品	指那些以手工制作的、产品标准宽泛、可以复制的产品	手工化	歌舞、雕塑、工艺美术作品等
工业品	指那些主要以设备制造的、严格按照工业标准、大批量生产的产品	标准化	影视作品、书刊等

旅游产品与文化产品具有共同的资源基础，文化资源中的物质文化资源和精神文化资源同时是旅游资源的重要组成部分，如历史遗迹、民俗风情等，因此资源的通用性成为旅游产品与文化产品融合的良好基础，

也使得旅游产品与文化产品在形式上既有可能相同，也能形成互补优势，推动旅游产品与文化产品的融合。例如，目前我国各地正积极地将民族工艺品与旅游商品开发相结合，将歌舞演艺与旅游景区活动项目相结合，这一方面丰富了旅游产品的类型，另一方面也扩大了文化产品市场。一些旅游目的地也积极借助影视剧拍摄宣传自己，提升旅游目的地知名度和影响力，如云南普者黑旅游景区借助湖南卫视《爸爸去哪儿》节目而被全国观众熟知，游客接待量大幅增加；浙江横店影视城不仅是目前全国规模最大、影视元素最集中的影视产业集聚区，也是国家5A级旅游区。

（二）功能互补

在后工业时代，以文化为核心的"软实力"成为世界各国竞争的重要方面；在商品同质化现象泛滥的时代，人们更加注重产品的文化性，文化特色、文化价值逐渐成为产品的核心竞争力；在休闲体验时代，人们越来越注重生活方式和精神层面的满足，文化因素成为影响消费者商品选择的重要因素。

旅游产品与文化产品都具有文化属性，都具有满足人们精神层面需求的功能。尽管旅游者的旅游动机各异、需求多样，但旅游产品都需要满足旅游者审美和愉悦的需求，旅游者正是通过旅游产品来感知、理解蕴含在其中的文化内涵；而文化产品具有认识、教育、娱乐、审美四大功能，这就使得旅游产品与文化产品在功能上具有良好的互补性。旅游产品分类见表2-2。

表2-2　旅游产品分类

旅游产品名称	概述
康体型旅游产品	指能使旅游者身体素质得到改善和提高的旅游产品
享受型旅游产品	指满足旅游者物质和精神上享受的需求，能够显示旅游者地位和尊严的旅游产品
发展型旅游产品	旨在实现旅游者的自我发展，具有较强的业务性和学习性
探险型旅游产品	指以参与户外探险活动为首要目的或者主要动机的旅游产品

随着人们物质生活水平的不断提高、现代生活理念的不断更新，人们对精神生活的享受有了更高的追求。旅游者越来越强调精神文化多方面、多视角的需求，旅游不再只是"游山玩水"的简单活动，旅游活动所蕴含的文化属性逐渐被旅游者所重视，旅游产品向文化领域的深层开发已经逐渐成为趋势。在旅游产品的开发过程中，文化产品的认识、教育、娱乐、审美等功能也被积极引入，并贯穿于康体型、享受型、发展型、探险型旅游产品中。旅游产品与文化产品在功能上的互补进一步推动了文旅在资源、产品层面的融合态势，也成为文旅融合发展的基础。

第二节　文旅融合发展的动因

一、旅游市场与文化市场的需求

伴随着后工业时代和消费社会的发展，人们在享受工业文明带来的丰富成果的同时，开始渴望摆脱快节奏、程式化、物质化的生活压迫，期望获得更多精神情感方面的满足。因此，旅游者的消费需求也随之发生变化：旅游需求观念由被动选择型向主动选择型转变；旅游需求的内容由过去单一需求向多样化需求转变；旅游需求方式由静态观光向动态参与转变；旅游需求热点由过去比较稳定发展向时常变化转变。这些转变意味着旅游产品的内容、形式也应该随旅游者需求的变化而不断变化。

当一种新的旅游需求产生后，需要新的旅游产品来满足，而新需求满足后又会产生其他新的旅游需求，整个旅游经济活动就是按照"需求—生产产品—满足—新的需求—生产新的产品—满足新的需求"这种模式循环往复。消费需要和消费水平决定了旅游产业的发展方向和速度。因此，在文化消费需求量越来越大、层次越来越高的背景下，为了更好地满足旅游者的需要，旅游产业开始向体验化、多元化、个性化发展，并且越来越重视产品和服务中的文化因素。消费需求的提升为旅游产业的发展提供了巨大的市场空间，并且成为文旅融合发展的原动力。

（一）体验经济

20世纪70年代，美国未来学大师阿尔文·托夫勒在《未来的冲击》一书中提出了"服务业最终会超过制造业，体验生产又会超过服务业"的观点。继托夫勒之后，约瑟夫·派恩和詹姆斯·H.吉尔摩在《哈佛商业评论》中将这种方向进一步阐明为体验经济时代的来临。

体验意为"实际经历""通过实践认识事物"。1999年，派恩和吉尔摩在《体验经济》一书中指出，"体验消费就是企业以服务为舞台，以商品为道具，以消费者为中心，从生活与情境出发，塑造感官体验及思维认同，并由此抓住消费者的注意力，创造值得消费者回忆的活动，提供一种让消费者身在其中并且难以忘怀的体验，改变其消费行为，并为产品找到新的生存价值与空间"。体验消费注重人的非物质需要，它从人的个性、偏好、情趣等角度反映模式化的生活方式和观念，将人们在现实生活中对各种关系的感受、理解、直觉通过自己的穿着、吃喝、住行、语言、思维等方面表达出来，凸显自己与现实生活、世界的个性联系。在后现代社会，随着人们消费需求的升级和社会生产力的发展，以消费者体验为中心的新经济形态开始在服务经济的基础上发展起来，个性化、定制化的生产模式逐渐代替规模化、标准化的大机器生产，体验消费逐渐渗透到各个产业部门，体验经济正成为新的经济增长点和现代社会经济发展的趋势，并引导社会经济从注重数量增长到注重质量提升的转变。

旅游是人类基本生理需求和物质需求得到满足后所产生的精神层面的需求，旅游者追求的是愉悦、快乐的旅行经历。旅游的本质是一种体验活动，是一个通过用眼看、用耳听、用五官去综合感受外部世界美妙形象，进而由表及里地洞悉感悟内在意蕴的过程。在体验经济时代，文化体验是针对企业的商品特点和顾客的消费心理，在营销活动中运用文化造势，从商品开发到商标命名、广告宣传、销售场景设计等都渗入浓郁的文化气息，从而让消费者在获得商品实体的同时，还能获得一种文化感受和精神上的满足。文化体验注重商品和消费者诉求的情感性、审美性、象征性、符号性等文化价值。

随着物质生活的日益丰盈，人们在消费物质形态产品的同时，更加看重文化形态的消费价值，在文化形态的消费中，又非常注重体验性活动。枯燥乏味的文化接受方式在新时代的冲击下越来越失宠，现代人越来越倾向于选择较为轻松愉悦的方式来获得文化知识、丰富人生阅历。这就为文旅创造了极大的融合发展空间。在体验经济时代，旅游产业从生产、销售传统观光产品向生产、销售文化体验转变，文化体验成为文旅融合的关键节点。

（二）大众消费时代

20 世纪六七十年代，消费逐渐成为西方发达国家社会生产、生活的主导动力和目标，成为社会的主要特征，并对社会发展的影响越来越大，消费社会已经来临。随着消费社会的发展，商品被赋予越来越多的意义，商品的符号价值和符号功能得到越来越广泛的体现。商品不再只是存在形式，而且成为表达某种意义的文化载体，符号消费已成为现代消费社会的重要特征。1970 年，著名的法国社会学家让·鲍德里亚在《消费社会》一书中指出：物质文明高度发达的现代西方国家已进入消费社会，消费符号化成为重要的时代特征，同时，越来越多的文化产品成为消费品。

在生产社会，人们主要以生产者角色参与社会生活，关注的主要是商品价值、使用价值等物质性特质；在消费社会，人们关注于商品的符号价值方面的精神特质，消费者的信心、激情、活力已经成为经济增长和社会繁荣的主要尺度。

经过 30 多年的改革开放建设，我国经济社会迅速发展，人们的物质生活水平大幅提高，闲暇时间大大增加，社会消费需求发生深刻变化。生存资料的消费比重不断下降，享受和发展资料的消费比重不断上升，恩格尔系数逐年下降；居民消费从追求数量逐步转向追求质量；居民对文化教育、休闲娱乐等高层次消费品的需求越来越大，消费结构逐步升级。人们不再仅仅满足于从消费中获得物质需要，开始追求精神文化含量更高的生活方式。

基本生存需求主要通过物质消费实现，而高级需求则主要通过文化消费满足。在后工业社会，居民消费早已超出了满足基本生存需要的功能阶段，步入满足精神需要的高层次享受的功能阶段。文化消费是人们根据自己的主观意愿选择文化产品和服务来满足自身精神需要的消费活动，它具有两个基本特征：一是文化消费满足的是消费主体的精神需要；二是用来满足主体需要的主要是精神文化产品或精神文化活动。旅游活动是人们在基本物质生活得到满足之后，在有足够可支配收入和闲暇时间的基础上，在求新、求异、求知的动机刺激下而产生的消费行为。从性质上看，旅游消费是一种较高层次的消费，属于满足发展与享受需要的消费。作为一种追求享受、体验的消费活动，旅游消费本质上属于文化消费。近年来，旅游消费逐渐凸显旅游者对文化体验的需求、对参与性活动的强烈渴望，旅游者更希望自己是表演者、运动员（即使是场外的），而非一般的旁观者。

人类在满足低层次需求后，会不断追求高层次需求，而文旅的出现、发展正是人类需求不断升级的表现，它们是以满足消费时代人们精神文化需求为目的的产业。随着社会经济的发展，恩格尔系数不断下降，人们对文化产品、文化服务的需求越来越多，人们对购买商品中的"文化"

要素越来越看重。消费不再仅仅意味着购买商品，而逐渐成为某种文化象征，成为个人价值观的表现方式。人们的文化需求迅速增长，这就为文旅的融合发展提供了深厚的社会基础和广阔的市场空间。随着大众消费的不断发展，消费者对旅游产品、文化产品的类型需要越来越多样，对内涵的需要将越来越丰富，这成为文旅融合发展的重要动力，将推动文旅的深层融合发展。因此，文旅将随着消费者需求的变化而不断发展，多样化、个性化、动态化的消费动机将不断促进文旅的融合发展。

（三）"经济—文化"一体化发展

随着社会经济的发展和全球化进程的加快，20 世纪 70 年代以来出现的一系列社会、环境问题愈加凸显。由此，人们开始反思各种社会发展模式，并逐渐认识到，社会、文化、制度等非经济因素尤其是文化因素在社会经济发展中起着重要作用，人们希望利用文化的积极作用来消除经济社会中出现的各种负面问题，文化转向逐渐成为社会发展的重要趋向。

经济与文化紧密相连，经济发展离不开相应的历史文化环境，而文化通过影响人类的思想、价值观和行为方式而在经济发展中发挥其作用。20 世纪末，在以计算机、互联网为代表的高科技推动下，经济、文化迅速发展，并呈现出互动共生的一体化发展态势。在美国，以信息技术为核心的知识工业在 GDP 中约占 30%，文化产业已经成为仅次于航空航天业的第二大产业。1999 年 10 月，世界银行在意大利佛罗伦萨会议上明确提出，文化是经济发展的重要组成部分，文化是世界经济运作方式与条件的重要因素。如今，文化已成为世界范围内经济社会发展的价值维度，经济与文化的一体化推进，是现代市场经济发展的大趋势。在现代化进程中，经济发展为文化发展提供必要的物质基础，文化发展为经济发展提供强大的推动力量。

"经济—文化"一体化并不是经济和文化的简单拼合，而是二者相互交叉、渗透、促进，最终融合成一体化的关联体。"经济—文化"一体化包含"经济文化化"和"文化经济化"两个方面：经济文化化是指现代经济发展中文化的、科学技术的、信息的，乃至心理的要素越来越具有举足轻重的作用；文化经济化是指文化进入市场、进入产业，文化中渗入经济要素、商品属性，文化逐渐具有经济力，成为社会生产力中的一个重要组成部分。"经济—文化"一体化发展趋势表现在：文化智力优势正在取代传统的资源优势，文化、科技对经济增长的贡献率越来越大；科技作为第一生产力的贡献越来越大，逐渐成为经济发展的关键因素；商品的文化含量、文化品位、文化个性以及由此带来的文化附加值越来越成为经济的强大竞争力；观念文化在经济发展中的作用和影响越来越大；文化产业迅猛崛起，发展成为国民经济重要的支柱产业。随着经济活动与文化活动的一体化发展，文化经济必然成为未来社会经济的主导形态，旅游产业发展中的文化因素也将越来越重要，文化产业将为旅游产业的持续发展提供强大推力。因此，文旅融合发展成为大势所趋，"经济—文化"一体化发展也将推动文旅不断朝着更广领域、更深层次融合发展。

二、文旅发展政策的引导

当今，文化作为一种软实力已经成为综合国力的重要组成部分，文化产业已经成为我国国民经济的重要组成部分。新型的大众娱乐业、节庆业、会展业等层出不穷，影视业、新媒体等内容生产业在国民经济中的比重越来越大，报刊业、出版业、艺术演出业等文化产业子系统发展速度越来越快。随着人们精神生活需求的不断增长，以及消费非实物化趋向的发展，文化与经济相互交融，文化产业已经被公认为经济领域中最有活力、最具创新意义且最能获得丰厚收益的产业。

（一）文化产业发展政策的引导

2009 年 7 月，由国务院常务会议审议通过了《文化产业振兴规划》，该规划成为我国第一部文化产业专项规划，标志着文化产业已经上升为我国国家战略性产业。该规划明确提出，"扩大文化消费，不断适应当前城乡居民消费结构的新变化和审美的新需求，创新文化产品和服务，提高文化消费意识，培育新的消费热点……加快建设具有自主知识产权、科技含量高、富有中国文化特色的主题公园。开发与文化结合的教育培训、健身、旅游、休闲等服务性消费，带动相关产业发展"。这表明文旅的结合发展已经成为文化产业发展的重要方向。

为了保障《文化产业振兴规划》更好地实施，2009 年 9 月出台了《文化部关于加快文化产业发展的指导意见》，该意见明确提出，在文化旅游业上，促进文化与旅游相结合，以文化提升旅游的内涵，以旅游扩大文化的传播和消费。打造文旅系列活动品牌，扶持具有地方、民族特色的文化旅游项目；建立《文化旅游节庆活动扶持名录》和《国家文化旅游重点项目名录》。鼓励对演艺资源与旅游资源进行整合，在知名旅游景区打造高品质、有特色的演艺精品。在有效保护的基础上，对历史文化名城、文物古迹进行科学开发利用，合理开发传统手工技艺类和表演类非物质文化遗产。深度开发文化旅游工艺品，提升品位，拓宽市场。这些较为详细的文化产业发展指导意见为文化产业与旅游产业的融合指明了方向，指出了二者深度融合发展的可行性，成为二者融合发展的背后动力。

2011 年 10 月，中国共产党第十七届中央委员会第六次全体会议通过了《中共中央关于深化文化体制改革、推动社会主义文化大发展大繁荣若干重大问题的决定》。该决定指出，"加快发展文化产业，推动文化产业成为国民经济支柱性产业。增强国家文化软实力，推动中华文化走向世界。开展多渠道多形式多层次对外文化交流，广泛参与世界文明对话，促进文化相互借鉴，增强中华文化在世界上的感召力和影响力，共同维护文化多样性"。文化产业体制的改革会推动文旅产业不断打破彼此之间的产业壁垒，为它们的融合发展提供强大的外部支撑力。该决定对推动文化产业与旅游产业的融合发展具有良好的推动、促进作用。

2012年2月，中共中央办公厅、国务院办公厅印发了《国家"十二五"时期文化改革发展规划纲要》，该纲要提出，"推动文化产业与旅游、体育、信息、物流、建筑等产业融合发展，提升品牌价值，增加物质产品和现代服务业的附加值和文化含量""扩大文化消费，增加文化消费总量，提高文化消费水平"，"积极发展文化旅游，促进非物质文化遗产保护传承与旅游相结合，提升旅游的文化内涵，发挥旅游对文化消费的促进作用，支持海南等重点旅游区建设"，这进一步明确了我国文旅融合发展的方向。

（二）旅游产业发展政策的引导

2011年11月，国家旅游局在《关于进一步加快发展旅游业促进社会主义文化大发展大繁荣的指导意见》，该意见指出，"要推动文化产业与旅游、体育、信息、物流、建筑等产业融合发展""要积极发展文化旅游，发挥旅游对文化消费的作用"，这对以旅游产业发展促进文化产业发展提出了明确要求。旅游产业和文化产业同属于精神消费，在形式和内容上互相支撑，有很强的互补性和广阔的发展前景。要按改革创新的要求推动旅游产业和文化产业的结合，创新资源优势、产品模式和市场需求。要以包容的精神学习吸收各领域的优秀文化，把文化优势转化为旅游产品；要遵循市场规律加大对文化旅游创意策划、资源整合、营销推广，开拓旅游产业和文化产业的新业态、新市场；要注重现代科技在旅游领域中的应用，不断提升旅游发展的科技文化含量；要充分发挥旅游市场的活力，为更多符合"二为"方向和"双百"方针的文化产品创造市场需求；要充分运用旅游业改革开放以来积累的宝贵经验和形成的发展机制，为推动文化体制改革、促进文化产品进入市场提供支持。

还要加强文旅精品建设。支持打造一批全国性的文旅活动品牌，逐步建立国家和地方层面的文旅活动重点名录库；围绕非物质文化遗产保护传承推出一批旅游精品；推出一批具有地方特色的旅游演艺精品；引导、支持和规范文旅名街、名镇发展，加快推进文旅实验区、示范区建设，探索打造文旅特色产业聚集区；鼓励创意和制作具有地方文化特色的旅游工艺品、纪念品，不断丰富中国特色旅游商品体系。

2013年1月，《中国旅游业"十二五"发展规划纲要》提出，"加强旅游与文化产业的融合，合理利用物质和非物质文化遗产，积极开展文化观光、文化体验、旅游演出等活动。进一步丰富和完善全国文旅重点项目，引导各地积极开发各具特色的旅游文化产品，建设旅游文化街区、文化创意旅游园区、旅游文化综合体等一批文旅示范区。把提升文化内涵贯穿到吃、住、行、游、购、娱各环节和旅游业发展全过程"。

（三）融合发展政策的引导

2009年9月，文化部与国家旅游局共同制定了《关于促进文化与旅游结合发展的指导意见》，提出了"推进文化与旅游协调发展"，可以从"打造文化旅游系列活动品牌""打造高品质旅游演艺产品""利用非物质文化遗产资源优势，开发文化旅游产品""实施品牌引领战略，引导文旅产品开展品牌化经营""鼓励主题公园、旅游度假区设立连锁网吧、游戏游艺场所""举办文化旅游项目推介洽谈会，推动文化旅游企业开展合作""深度开发文化旅游工艺品（纪念品）""加强文化旅游产品的市场推广""积极培育文化旅游人才"以及"规范文化旅游市场经营秩序"等方面促进文化旅游的深度结合。

从以上一系列文化产业、旅游产业发展政策,以及文旅结合发展政策中可以看出,文旅融合已经成为大势所趋,这些政策进一步指明了我国文旅融合的发展方向,成为推动文旅融合发展的重要政策动力,为二者的深层融合奠定了坚实的理论基础。

三、旅游产业转型升级

我国旅游业长期保持适度超过国民经济的发展速度,经过 30 多年的快速发展,我国已经成为世界旅游大国。近年来,我国旅游产业规模不断扩大,旅游经济指标持续增长,但是,我国旅游产业在快速发展过程中仍然存在一些问题。

受过去计划经济体制的影响,我国很多旅游企业"小""散""乱",长期主要依靠要素增加来实现产业增长,简单的数量型、规模型增长使得旅游产业质量不高、竞争力不强。与美国运通、日本 JTB、德国 TUI 等国际著名旅游集团相比,我国旅游企业势单力薄,不仅企业规模小,而且在运营管理、技术方法、营销网络等方面都比较落后。

我国旅游产品类型比较单一,主要以观光型为主,缺少具有丰富文化体验性、参与性的旅游产品,旅游娱乐、旅游商品的类型和数量都比较有限,旅游产品结构也不合理。同时,在我国旅游开发中,很多旅游目的地仍停留在低层次的重复开发阶段,由于长期对旅游资源进行掠夺性开发及旅游业的超常规发展,导致旅游目的地环境质量下降,出现了旅游产业发展与资源环境退化的矛盾。

此外,信息技术正在加快传统旅游产业的变革。电子商务在旅游产业领域的应用正以惊人的速度增长,目前在线旅游消费额占旅游总销售额的 20%—25%;今后 5 年内,世界主要客源地约 1/3 的旅游产品将通过互联网进行销售。信息技术的广泛应用，将加速旅游新产品和新业态的出现、加快旅游产业转型升级的步伐，我国旅游产业发展面临严峻的挑战。

近年来我国提出建设创新型国家，其目的就是要加快实现经济增长方式从要素驱动型向创新驱动型的根本转变，使创新成为经济社会发展的内在动力和全社会的普遍行为。在这样的发展背景下，以自然资源的大量消耗和环境不断恶化为代价的传统旅游产业迫切需要通过创新发展实现产业的转型升级，来实现旅游目的地的可持续发展。产业融合作为一种产业创新发展模式，将会成为旅游经济增长的新动力，同时，它也将改变传统旅游产业生命周期的规律性，使旅游产业不断散发新活力、新生机。

因此，我国旅游产业在发展过程中需要通过转变发展方式来提升旅游产业素质，通过转型升级来实现旅游产业结构优化，通过协调生产要素、创新业态来推动旅游产业的持续发展。同时，激烈的市场竞争要求旅游产业由观光向休闲、度假转变，产业结构由单一化向多样化、特色化转变，开发模式由粗放型、数量型向精细型、素质型转变，产业功能由经济功能向文化功能、生态功能等综合功能转变。如此，旅游产业才能实现产业结构的转型升级。在这种压力下，旅游产业将通过与文化产业的融合来创新产业发展模式、丰富产业内涵、提升产业价值、提高产业竞争力，从而加快旅游产业的转型升级。

四、文化产业蓬勃发展

"十一五"期间，我国文化产业增加值平均增速高于同期国内生产总值的平均增速，成为提供就业机会的重要行业、产业结构优化的朝阳行业和经济增长的支柱产业。

在文化体制改革的推动下，越来越多的文化企业进入市场，市场主体的数量激增，文化产业这块蛋糕越做越大，已经成为区域经济的重要支柱。

规模化和集约化是文化产业面向市场的必然要求。只有通过重组、兼并、破产等形式，整合资源，做大做强，才能实现规模化经营。近年来，在文化体制改革的大背景下，文化企业按照市场的要求进行资源整合，提高了文化产业的集约度，一定程度上改变了"小""散""乱""差"的局面。市场这只"看不见的手"把利益相关方联合在一起。跨地区、跨行业、跨媒体、跨所有制的兼并重组方兴未艾。

文化产业是个高度重视时尚与潮流的行业，谁能够领风气之先，谁就能够抢得先机。近年来，我国文化产业的一大亮点是动漫游戏、数字音乐、数字电影、网络视频、移动多媒体广播电视、数字出版、网络出版、手机出版等新兴业态的迅速崛起，呈现出勃勃生机的景象。

五、现代科技创新的推动

科技作为经济增长和经济发展的内生变量起着越来越重要的作用。科学技术化与技术科学化，使当代科学技术在物质生产中的地位和作用大大加强，已成为现代社会生产力发展的第一要素。而且科技创新在产业转型的过程中具有极其重要的意义，它可以通过改进生产技术和工艺流程，降低企业的生产成本、提高产品质量、降低产品价格，为消费者带来更多的利益；同时技术创新有利于加速新产品和新服务的出现、产品服务的改进、产业素质的提升，并使产业发展要素在产业之间重新配置，推动产业转型。需要注意的是，一项技术创新只有在它被广泛使用和推广时，才能真正体现出它的经济价值和社会价值。技术创新及扩散是促进一个国家产业结构高级化和经济增长的根本途径之一。

文化与科技融合，是提升文化产业核心竞争力的重要途径。文化与科技历来如影随形，科学技术的每一次重大进步，都会给文化传播方式、表现形式、发展样式带来革命性变化，推动人类文明发展的飞跃。第一次工业革命直接影响了新艺术运动的诞生；第二次工业革命迎来电气时代，电影、广播和电视业应运而生；数字技术、网络技术迅猛发展，为思想文化传播提供了新的载体，催生了新的文化业态。科技创新对文化产业的发展起到了广泛而深远的影响。现代科技不仅为文化产品生产提供了基础性的工具，如制图软件、仿真模拟技术等，而且为文化产品的销售构建了较为完善的网络体系，如从网络销售到网上银行支付等。与此同时，现代科技直接催生了数字立体电影、动漫、文化创意、数字出版等新兴文化业态，在这些具有高附加值的新业态的推动下，文化产业迅速转型升级。

现代科技在旅游产业的应用范围越来越广泛，在某种程度上而言，现代科技的运用促进了休闲时代的到来以及旅游主体的扩大，科技含量的高低决定了某个区域旅游业发展速度的快慢和发展质量的好坏，而且现代科技有助于旅游产品的开发和拓展。旅游资源的开发就要借助诸如地理信息系统（GIS）、遥感（RS）、全球定位系统（GPS）等技术的支持；对旅游资源的挖掘、开发与保护也都离不开高科技的支持；在旅游产品的体验上，科技的力量更不容小觑，不管是主题游乐园造就的梦幻氛围，还是极限探险旅游活动的开展，都得依靠科技的力量才能完成。

20世纪90年代以来，随着通信与信息技术的日益成熟、完善，以及各种新技术的广泛应用，全球出现产业融合发展的热潮。现代科技创新是产业融合的源泉，其在文旅融合发展过程中发挥着重要推动作用，主要表现在：第一，技术创新将有利于开发出关联性或替代性技术，这些新技术在文旅之间扩散，并通过技术融合形成两个产业共同的技术基础，使产业之间的边界趋于模糊，从而促进产业融合不断发展；第二，技术创新有利于降低文旅的生产成本，丰富旅游产品与文化产品的内容和形式，提高产品和服务质量，从而为融合提供动力；第三，技术创新会改变旅游市场与文化市场的需求特征，能够创造更多新的市场需求，而市场需求的扩大又进一步促进产品的创新，进而为文旅的融合提供更广阔的市场空间，使产业融合在更大范围内出现。由此可见，技术创新成为文旅融合发展的催化剂，成为文旅融合发展的推动力。

第三节　文旅融合发展的障碍

一、传统观念障碍

在融合前，文化和旅游都属于独立的产业部门，在融合过程中需要打破两个产业之间的界限，促进产品融合、市场融合和企业融合。这期间两个产业为了捍卫各自的利益难免存在"老大主义"和"本位主义"观念，这些传统观念将会固化产业边界，阻碍文化和旅游的融合进程。

（一）本位主义

本位主义是一种不顾大局与整体，一切从本部门、单位与地方利益出发的错误思想作风，是一种放大的个人主义，其结果既妨碍整个大局的工作，又无益于本部门的局部工作。

产业融合就是要逐渐打破文旅之间的壁垒，只有当文旅的产业边界、产品边界、企业边界逐渐消失、融合，两个产业才能实现全面融合。而本位主义的存在，将会导致旅游产业、文化产业不顾融合的整体发展态势，只是将自己的产业部门作为整体，而不是将"文旅"作为整体，因此产业发展策略也将只从本产业部门出发，只考虑本产业的利益，而不顾产业融合发展的长远利益。本位主义的存在非但不利于打破文旅之间的产业壁垒，反倒会进一步加深文旅之间的隔阂。

由于本位主义的存在会严重阻碍文旅的融合发展，因此，现阶段必须打破这一传统观念障碍。文旅融合过程中必须树立整体观念，将"文旅"作为共同的发展系统，运用系统论的理念处理好整体与局部的关系，协调好"融合发展"与旅游产业、文化产业发展的关系，处理好"融合发展"的长远利益与旅游产业、文化产业利益之间的关系。

（二）"老大主义"

作为独立的产业部门，旅游产业、文化产业的规模都不容小觑，这就导致在产业融合过程中，旅游产业、文化产业容易产生"老大主义"，总认为自己所在的产业部门是老大、拥有特权，总想着"吞并"另一方。产业融合并不是要旅游产业吞并文化产业，或者文化产业吞并旅游产业，而是要两个产业将"融合发展"作为共同的发展目标，共同做大、做强，使旅游产业、文化产业在融合中发展壮大，从而改变目前"小""散""乱"的产业发展局面。文化和旅游在产业融合过程中需要克服"老大主义"，主动消除彼此之间的产业壁垒，通过融合实现两个产业的共同繁荣。

二、文旅产业的市场障碍

市场就是商品交换的空间。旅游市场是旅游者与旅游经营者之间各种经济行为和经济关系的总和；文化市场是文化产品进入流通和消费领域所形成的交换关系总和。当市场融合时，旅游产品、文化产品能够共享彼此的营销渠道，可以在原有客源市场的基础上，不断扩大客源市场，从而进一步促进市场的融合发展态势。但是在目前文旅融合的初期，还面临着以下市场障碍：

（一）营销渠道尚待整合

营销渠道是指在产品或服务从生产者向消费者转移的过程中，所经过的由各中间环节连接而成的路径。这些中间环节包括生产者自身的销售机构、批发商、零售商、代理商和中介机构等。文化产品营销渠道是文化企业将文化产品传递给最终购买者的过程中所使用的各种中间商的集合。传统商品是从产品生产者向消费者转移，不同于传统商品，旅游产品是旅游者向旅游产品"移动"，因此，旅游产品的营销渠道是由旅游产品使用权转移过程中所经过的环节而形成的通道。但无论是文化产品营销渠道还是旅游产品营销渠道，在文化产品、旅游产品流通的过程中，文化企业、旅游企业出售的产品是营销渠道的起点，消费者购买文化产品、旅游产品是营销渠道的终点。

通畅的营销渠道具有良好的信息沟通功能，是旅游企业、文化企业与消费者信息沟通的"桥梁"。营销渠道中的中介机构在与消费者交流过程中，可以及时地将融合型文旅产品的相关信息提供给消费者，从而进一步刺激消费者的购买欲望；同时，中介机构也可以在与消费者交流的过程中，掌握市场需求、产品趋势等动态因素，并且及时将这些信息反馈给旅游产品、文化产品的生产企业，便于企业把握最新的市场动态，从而生产出满足消费者需要的融合型新产品。但是，由于目前旅游市场与文化市场尚未得到有效整合，旅游产品与文化产品的营销渠道仅仅是承担着各自产品的营销功能，只是起着沟通文化消费者与文化企业、旅游者与旅游企业的传统功能。在文旅融合发展的过程中，市场融合需要整合传统的文化产品与旅游产品营销渠道，通过整合形成功能更加完善、更加多元的营销渠道，促进文化产品与旅游产品、文化市场与旅游市场的不断融合，加速推进文旅融合。

（二）旅游企业与文化企业的竞争关系

服务于市场的旅游企业与文化企业数量大、类型多，面对文旅融合发展的态势，旅游企业与文化企业之间的关系也在逐渐发生变化。之前，可能是完全没有任何关系的企业，现在面对着融合的、共同的市场，旅游企业与文化企业之间有可能成为同质企业、竞争对手。同时，随着文旅融合进程的深入，旅游市场在不断壮大，旅游企业与文化企业之间的竞争也将越来越激烈。

面对激烈的市场竞争，旅游企业与文化企业为了占据更大的市场份额，为了争取更好的企业效益，原本具有一定规模的企业有可能会罔顾文旅融合发展的态势，利用自身的优势形成市场垄断。市场垄断排斥竞争，将阻碍技术进步、市场多样性发展，其后果是束缚市场功能的发挥、阻碍生产要素在文旅之间的流动和优化配置，这将严重影响文旅融合发展。因此，在文旅融合过程中，需要维护公平有序的竞争局面，确保企业之间的良性竞争。

在融合发展的态势下，竞争不可避免，旅游企业与文化企业只有积极地参与市场竞争，通过寻求合理的产品定位、市场定位、企业定位，处理好企业之间的竞争与合作关系，才能不断做大、做强。

三、文旅产业的体制障碍

（一）管理体制

体制指的是国家机关、企事业单位的机构设置和管理权限划分及其相应关系的制度。我国旅游产业是一个关联性强的综合性产业，涉及国民经济众多行业和部门，在计划经济体制下形成的资源条块分割和政企不分状况由来已久。计划经济时期，尽管没有"文化产业"这个名词，但其实它早已存在，只是高度计划性的集权管理严重束缚了文化产业的发展。随着改革开放的逐步深化，我国文化发展的体制环境已经发生了深刻变化，已经逐步建立起文化产业管理体制。目前，我国文旅管理体制尚不健全，很多地区不同程度地存在条块分割、多头管理、政企不分等问题，尚未建立统一高效的产业管理体制。在产业融合发展的态势下，文旅本身的管理体制存在一定问题，这将影响文旅融合的顺利发展。因此，文旅管理体制需要不断地进行改革，进一步转变政府职能、理顺政企关系、建立符合市场经济规律的高效行政管理体系，促进旅游产业、文化产业走向"大市场、大产业"的发展道路。

同时，不同发展时期有不同的产业管理体制。当文旅处于独立、分立阶段时，各自采取相应的产业管理体制；但当产业融合发生后，原本的产业边界发生变化，这就导致以产业分立为前提的传统管理体制失灵，这时不仅达不到产业管理的目的，甚至还会引起产业发展的混乱。因此，在文旅融合的发展背景下，我国的旅游产业和文化产业管理体制必然要对传统的分立做出适应性调整，从而为文旅融合创造宽松的市场环境。

（二）意识形态领域

改革开放前，我国长期实行的是高度集中的计划经济体制，加之文化具有意识形态属性，因此我国对文化采取的一直是极为严格的管制政策。随着改革开放的逐步深化，我国开始由计划经济向市场经济转变，对文化的管制开始逐渐放松，文化产业逐步发展起来。自党的十六大以来，影响深远的文化体制改革正在不断推进，我国文化产业体制改革的过程正是文化产业不断发展的过程。

由于文化涉及意识形态领域，在过去很长一段时间，我国的文化政策是把文化当成"事业"发展。如果文化产业的发展完全或主要依靠政府主导，就会导致资本、技术、人才等产业发展要素的流动性大大降低。

目前，我国文化产业仍是受管制最多的产业部门之一，"政策"直接影响文化产业的丰富性、多样化和市场发展空间。

四、产业融合发展所需的人才问题

产业变革的载体是企业，而企业的发展需要人才，企业的竞争也是人才的竞争。目前，我国旅游人才整体素质偏低，专业化程度不高，旅游人才队伍稳定性较差。随着我国文化产业的快速发展和"经济—文化"一体化的全球蔓延，我国面临的文化产业人才短缺问题将进一步加剧。此外，文化产业还面临着缺少能够市场化生存的人才、懂文化企业管理的高级人才等多种人才问题。旅游产业、文化产业的发展需要大量的高素质人才作为基础资源，如果人才尚不能满足旅游产业、文化产业各自的发展需要，那么在文旅融合发展的态势下，人才问题也将成为阻碍文旅融合发展的瓶颈。

在文旅融合过程中，需要大量既懂旅游产业发展规律，又熟悉文化产业发展规律的复合型人才，他们是推动文旅融合发展的重要基础。文旅融合需要大量复合型人才从事基础服务型、管理型、教育型工作，这样才能有效整合旅游资源与文化资源，在实践中实现旅游产品与文化产品融合、旅游企业与文化企业融合、旅游市场与文化市场融合。由于目前缺乏高素质的旅游产业、文化产业从业人员，特别是复合型文旅管理人才，导致文旅融合形式有限、融合范围有限、融合发展速度有限。如何大量培育文旅融合所需的复合型人才，是目前文旅融合中需要迫切解决的问题。

第四节　文旅融合发展形成的机制

　　文化和旅游的关系主要有以下三种说法：①灵魂载体说。文化是旅游的灵魂，旅游是文化的载体。于光远先生（1986）提出，"旅游是具有浓厚文化色彩的经济事业，也是具有浓厚经济色彩的文化事业"[1]。游客追求原真的文化，旅游是文化资源重要的传播载体，是文化场景化、活态化、生动化的传承途径。②资源市场说。即把文化作为重要的旅游资源，把旅游作为文化市场化的手段。③宜融促彰说。原文化和旅游部部长雒树刚（2018）提出"宜融则融，能融尽融，以文促旅，以旅彰文"的文旅融合原则，文化和旅游之间更像是合作关系。

　　范周（2019）指出，理念融合是基础，职能融合是保障，资源融合是抓手，产业融合是核心，科技融合是助推器[2]。可见发挥企业这个市场主体作用是文旅融合的关键。融合是指"产业联盟和合并、技术网络平台和市场等三个角度的融合"。借鉴企业多元化成长路径，相关多元化路径与资源相关、技术相关、市场相关和服务相关。文旅融合的路径应依据市场规律开展资源融合、技术融合、市场融合和功能融合。文化是旅游的市场价值来源，旅游可以助力文化的市场价值实现、保护和传播文化乃至创造新文化。旅游可以成为文化的价值保护者、转换者、传播者和创造者。

一、文化是文旅市场的核心战略资产

　　索罗斯比（Throsby，2010）指出，文化资本与物质资本（有形资本）、

---

[1]　于光远：《旅游与文化》，《瞭望周刊》1986 年第 14 期。

[2]　范周：《文旅融合的理论与实践》，《人民论坛·学术前沿》2019 年第 11 期。

人力资本和自然资本并列为四种资本，文化资本是以财富的形式表现出来的文化价值的积累[1]。旅游企业之所以要融合文化，是因为无论是遗产文化、现代文化还是创意文化，均可以成为企业的核心战略资产。遗产文化价值的特殊性在于它的年代价值，它具有经济性、稀缺性、公共性、外部性和垄断性特征（周锦等，2008）[2]。创意文化因其技术含量、信息不对称以及知识产权保护可以产生垄断利润。可见，文化可以给企业带来垄断价值，形成可持续的核心竞争优势。

巴尼（Barney，1991）指出，能够形成持久竞争优势的资源是有价值、稀缺、难以模仿、可持续的[3]。文化资产具有三个特征：①地方特性（place specific）。文化往往在空间上具有独特性，文化的区域差别明显。中国地域上的文化有江淮文化、徽文化、齐鲁文化、燕赵文化、河洛文化、三秦文化、岭南文化等，饮食文化存在南甜北咸东辣西酸的差异。②路径依赖（path dependent）。文化具有时间压缩（time compressed）、历史构建（historical construction）的特征，是长期历史演变而成的。③难以言说（unutterable）。文化因偶尔歧义与社会复杂（casual ambiguity and social complexity）而难以解释、表述。文化景观的内容除聚落、道路、田野等之外，还有"气氛"这种难以表达的地方特征。这些特征形成了文化中难以模仿与不可替代的可持续竞争优势。

---

[1]　David Throsby，"The Production and Consumption of the Arts: A View of Cultural Economics"*Journal of Economic Literature*，Culture Policy，38，no. 10(1994)：245-249.

[2]　周锦、顾江：《文化遗产的经济学特性分析》，《江西社会科学》2009年第10期。

[3]　John Barney，"Firm Resources and Sustained Competitive Advantage" *Journal of Management*，17，no.1（1991）：99-120.

二、旅游是文旅市场的空间生产方式

文化必须通过市场化转换才能实现其价值，而旅游就是文化的空间生产方式。现代游客更多地追求文化消费，即意义符号的消费。正如美国学者乔纳森·卡勒所言，现代游客是一支"符号部队"，他们往往把寻找符合自己意象的符号与象征作为旅游体验的一种驱动，陶醉于符号的流动与刺激中。美国社会人类学家麦坎内尔认为，受到城市化和现代化不断冲刷，地区固有文化及情怀逐渐失落，游客往往希望重新接触生命意义、民俗文化、宗教生活、乡愁情怀等已失落的东西，并对其他人的真实生活感兴趣，游客的目的是寻找原真性。游客凝视学说创始人约翰·厄里认为，后福特主义以"消费"为取向。单纯的产品生产制造是不够的，必须赋予产品特定的意义符号，以这些符号引发行动者的消费欲望。消费是在消费"物品的符号意义"，而非"物品本身"。旅游活动已经成为一种符号与经验的消费，消费对象不再限于有形的物质，无形的象征、氛围甚至愉悦感，都可以透过符号价值的交换而被购买[1]。

文化符号需要经过可视化与体验化的转换，才能成为消费品。英国学者贝拉·迪克斯（Bella Dicks，2012）指出：当文化成为某种旅游资源后，越来越多的旅游者前来参观"文化"，但并非所有文化都具有可视性[2]。因此，将文旅吸引物根据游客的需要恰当地展示出来，即对文化资源进行可视性生产显得日益重要。文化的可视性生产是游客体验文化的基础。游客凝视指的就是某特定景点意义符号的生产与消费。旅游

---

[1]　John Urry, *The Tourist Gaze*（*Second edition*）（London：SAGE Publications, 2002）.

[2]　贝拉·迪克斯：《被展示的文化：当代"可参观性"的生产》，冯悦译，北京大学出版社，2012。

景点的特殊性，即异于日常生活的特殊性是由文化符号建构起来的，符号所建构起来的意义也强化了游客感官的旅游经验。通过游客凝视，旅游地提供的一切都是付费的，都成了商品，视觉消费成为现代旅游活动的另一重要特点。旅游利用是实现遗产价值活化传承、强化公众遗产价值认知的一种重要方式，本质上是将文化作为旅游资源（旅游吸引物）进行可视性生产。其实在体验经济时代，通过现代技术的应用，文旅就是对文化进行可体验性生产。

文化是企业的战略资产，旅游是企业的生产方式，这才是文旅融合的市场动力机制。文旅融合的市场动力源于二者的内在协同以及融合后形成的规模经济与范围经济。

第三章　文旅的开发与规划

第一节　历史文旅的开发

历史文旅作为文旅中的一个专题类型，自有其特定的文化内涵。它是以人类社会历史变迁而留下的物质和精神文化遗产为依托，旅游者通过历史回顾和艺术审美，得到精神和文化享受的一种旅游活动。它外在表现为人的体验和游览活动，内在本质却是历史和现实的结合以及古今文化的交流。它必须以可靠的历史文化基础为背景、以历史文化的互动为结果进行开发，否则一味简单搬用历史材料或凭空臆造，历史文旅就会蜕变为纯粹的"耳目之娱"，失去其恒久发展为文化源泉的意义。

一、历史文旅

（一）历史文旅的概念

对于历史文旅这个概念，需着重把握以下两点：

第一，它以历史遗迹和遗物作为旅游吸引物。其中，历史遗迹类包括古人类遗址、古都、古战场遗址、近现代重要史迹和古代陵墓，历史遗物主要指各种古代文物。中国作为四大文明古国之一，历史文旅资源十分丰富。文化未曾出现断层，各类化石、陶器、瓷器、石器、玉器、饰品、艺术品和货币等展示着中华文化的不断延续与其独特的魅力。

第二，历史文旅的过程就是旅游者对历史遗存的文化内涵进行深入体验的过程，其结果是给人一种超然的文化享受，使人从中得到灵性陶冶、历史启迪，实现心与心的对话以及与异质文化超时空的交流。这也是其主要功能。

就历史文化景点而言，它只是文化的外在物态形式，需要导游以景点为基础进行挖掘，才能唤起游客对文化内涵的深刻感受。例如，岳麓书院坐落在岳麓山脚，建于公元 976 年，迄今已有一千余年的历史。如果从书院正门的对联"惟楚有材，于斯为盛"挖掘开去，可以联想到朱熹、王阳明曾在此主持讲学，并开列其辉煌天下的"桃李"名单；若就清代而论，可以提及王夫之、郭嵩焘、陶澍、左宗棠、曾国藩、魏源、唐才常、沈荩和杨昌济等，不由得使游客对这座千年庭院肃然起敬，为文化大师"存文化血脉于一线而不坠"的高洁品格所折服，更为中国文化源远流长、绵绵不绝，虽历经浩劫却不毁而骄傲。游客从中得到的就不仅仅是到此一游，立此存照，而是受到深深的人格熏陶和历史震撼。历史文化景点正是这样以其独特魅力给人以强烈的震撼，使人从中得到美的情趣，或古意，或崇高，或悲壮。试想，自己站在古人曾经站过的地方，用与先辈同样的黑眼珠打量着千百年没有变化的景观，呼吸着同样的空气，抒发着同样的胸怀，人与历史融在一起，一眸一笑连着两颗心，一草一木接着同样的情，游客自然能从中感受到旅游的历史气息，并乐之陶陶而忘返。

（二）历史文旅的沿革

古今中外，历史上相当一部分有成就的人都视历史文旅为陶冶性情、获得感性体验的重要途径。"读万卷书，行万里路"的民谚就揭示了古人寓学于游，进行历史考察，从而得到成功的人生秘诀。

中国自秦始皇统一以来，建立大一统的中央集权模式一直是历代帝王的理想。他们都采取了一条措施，就是流官制，使其不能久任一职，这就形成了中国历史独特的景观：封建官僚自踏上仕途到告老还乡抑或客死寓所，往往要去各地任各种职，即所谓的"游宦"生涯。许多名士为官一任，政绩平平，但其寻访历史遗迹，与当地的山水、人文产生亲和力的记载却昭然可见。

到了今天，人们又纷纷走向古人曾流连过并印下深深的足迹的地方，去寻访先辈的踪迹，探究他们的历史背景和文化积淀，从中感悟沧桑巨变和人世风云。这就形成了一种有目的、有方向甚至有组织的专项旅游活动，即历史文旅。

由此可见，无论是在古代还是在今天，无论是简单的旅游还是有组织的历史文旅，都离不开寻访古人遗迹、感受历史文化，这也构成了历史文旅亘古不变的主题。

（三）历史文旅的类型

就其涉及的历史文化范畴，历史文旅可分为物态历史文化游、动态历史文化游和心态历史文化游。

1. 物态历史文化游

以对物质型的历史文化资源，如万里长城、秦始皇兵马俑、历史古都、城墙古堡、文物珍玩等的游览以观赏为主。它借助这种看得见、摸得着、极具欣赏价值的静态物品来展现一时一地的历史风貌和文化背景。

2. 动态历史文化游

即通过旅游组织者的安排，使旅客进入特定的历史文化氛围，并得到心理愉悦和文化陶冶。例如，对浙江绍兴鲁迅故居的开发，以《孔乙己》笔下的咸亨酒店为原型进行重建，使游客漫步其中，恍惚如踏进了二十世纪二三十年代的旧中国。

3. 心态历史文化游

是指将一个民族、一个地区、一个人的价值观念、思想体系、意识形态、心理结构、性格趋向、思维方式等不绝于书的历史文化心态积极挖掘出来，加以包装和开发，推向旅游市场。它对历史文旅的开发有着不可替代的指导性作用。从旅游产品开发的程度而言，历史文旅可分为认识型、认同型和交流型三个层次。

（1）认识型历史文化游。其主旨在于展现一时一地的历史文化传统，游客以陈列式观光游览为主，进而领略、认识并了解旅游地的文化前景。这是历史文旅的基础层次。

（2）认同型历史文旅。是指在进行旅游产品的设计时，倡导优秀的历史文化传统，通过历史文化内涵的动态展示寓教于游，使游客从中得到心灵的陶冶和精神的提升。例如，湖北省博物馆推出的编钟演奏，游客在优雅的古乐中对博大精深的文化渐生认同之感。这是历史文旅开发的提高层次。

（3）交流型历史文旅。以参与式娱乐为主，让游客亲身体验历史文化背景，达到文化交流的目的。例如，山东曲阜推出"孔子家乡修学旅游"，让今人披上阔袍大袖的古代学士服，头戴方形"卜帽"，手摇折扇，学习孔子所倡导的六艺——礼、乐、射、御、书、数的体验项目，受到外国游客的普遍欢迎。外国游客在旅游过程中领略了中国古代礼仪和私塾制度，最终达到了文化交流的目的。

（四）历史文旅的特色

历史文旅的文化定位就在于挖掘旅游资源的历史价值，弘扬优秀的历史文化传统。所以在其产品开发规划中必须围绕此文化定位，才能显示历史文旅主体形象的独特之处，若模仿雷同、滥抄翻版，只会导致其生命力萎缩，破坏文化形象。

历史文旅的特色主要体现在以下几点：

1. 地域性

地理环境的不同往往为历史文化发展提供多种可能性。历史文旅的开发应以本地资源为依托，不走猎奇、拼盘的套路，使旅游产品体现出当地特色。我国历史文旅区可大体分为燕赵、秦晋、齐鲁、荆楚、吴越、巴蜀等多个典型地域旅游区。

2. 民族性

历史文化的发展最终会形成不同民族自己的文化特色。历史文旅实际上是跨越民族文化的过程。一个民族的历史包含着物质、精神、制度等文化因素，与其他民族的历史文化体现出异质性，在旅游中发挥着独特的魅力。例如，杭州岳王庙、当阳关陵背后体现的是中国古代“忠”的观念。抚今追昔，游人可了解中国古人的价值观念和行为准则，并可思考如何在现实中对“愚忠”加以扬弃。

3. 艺术性

历史文旅是一项品位极高的艺术审美活动，历史文化伴随着人类社会变迁、前进和发展而历久承传，不仅具有历史价值，而且是古老的文化遗产。例如，甲骨文、金文和帛书上的篆文，如果仅从历史价值角度去开发，可能只有古文字学家和历史学家感兴趣，若能挖掘出其书法艺术价值，即甲骨文的质朴淳厚、金文的刚健冷峻、篆文的行云流水，就可以吸引一些书法爱好者和那些希望提高艺术品位的旅游者。

4. 互动性

历史文旅是异域异质文化相互碰撞的过程，是历史文化传播的重要途径。旅游者从中达到对异域异民族异种族历史文化的认知、认同，然后在了解、理解的基础上吸取旅游地的优秀文化内核；另外，旅游者亦不可避免地给旅游资源地带来新的思想观念和行为方式，从而达到文化互补交融。

5.时空的混融性

历史是过去的现实，而现实是正在发生的历史。历史文旅最独特的魅力即在于它能将过去和现实、时间和空间有机交融在一起。游客在现实的旅游活动中感受历史氛围，体验那种"古"的意境，或幽远，或沧桑。

（五）我国历史文旅的地域特征

地理环境是人类创造自己的历史须臾不可脱离的空间与物质—能量的前提，地域的差异性和多样性影响着一个地区、一个民族的生产方式和思维方式，进而影响着其历史进程和文化模式。在历史文旅开发的过程中，必须关注其地域特征和文化差异。如登上长城，在慨叹我国古代劳动人民的非凡智慧时，倘能进一步挖掘其文化意义——农业文明这种消极的防御体系，进而联系中国五千年文明史，可知农业文明对游牧文明一直处于守势，这是由于江河灌溉与两岸居民耕作生活的稳定性有关。

根据我国历史文旅资源地理分布的单元性和文化共性，大致可分为九个历史文旅区。

（1）燕赵文化。其地域范围包括北京、天津和河北省，主要旅游景点有长城、北京古都建筑、天津清王陵、承德避暑山庄等。

（2）关东文化。其地域范围包括黑龙江、吉林和辽宁三省，主要景点有沈阳故宫、清昭陵和抗美援朝烈士陵园等。

（3）中原文化。其地域范围包括陕西、山西、河南和山东四省，该区是中华文化的摇篮。黄河以其博大的胸怀哺育了中华民族的远古居民，从蓝田猿人到丁村人、半坡人，到大汶口文化，再到二里头文化和二里岗文化，历史文化遗迹比比皆是。在相当长的历史时期内，该区是我国政治、经济和文化中心，有着丰富的历史文旅资源。例如，西安、洛阳、开封在历史上都曾盛极一时，古都遗址和帝王陵墓甚多，是我国旅游的热点。

（4）荆楚文化。其地域范围包括湖南和湖北两省，主要景点有楚纪南故城、长沙岳麓书院和三国古战场遗址等。其文化内核为楚文化。

（5）江南文化。其地域范围包括江西、安徽、江苏、浙江四省和上海市，主要景点有南京明孝陵、中山陵、雨花台、鲁迅故居、陶都宜兴等。

（6）岭南文化。其地域范围包括福建省、广东省、广西壮族自治区、海南省、台湾地区、香港及澳门特别行政区，主要景点有洪秀全故居、广州中山纪念堂、福建上杭古田会议旧址、台湾妈祖庙、香港宋城和澳门妈阁庙等。

（7）西南文化。其地域范围包括四川、云南和贵州三省，主要景点有成都杜甫草堂、武侯祠、王建墓、昆明大观楼等。

（8）草原文化。其地域范围包括内蒙古自治区、宁夏回族自治区、新疆维吾尔自治区和甘肃省，主要景点有"丝绸之路"、楼兰古城遗址、交河故城、高昌故城、王昭君墓、成吉思汗陵、西夏王陵。其文化内核是草原游牧文明。

（9）青藏文化。其地域范围包括青海省和西藏自治区，主要景点有拉萨布达拉宫、大昭寺、罗布林卡、日喀则扎什伦布寺、西宁塔尔寺。

二、历史文旅开发的现状

我国是一个文明古国，拥有灿烂悠久的历史文化资源，在开发历史文旅方面极具开发潜力和开发优势。我国已开发出许多享誉国内外的著名的历史文化景区，取得了很大的成绩。然而，就现阶段的开发而言，我国在历史文旅开发方面还存在一些不足，需要引起业内人士的注意。

（一）历史文物的保护

我国是一个文明古国和资源大国，灿烂的古代文化和繁多的历史遗迹是发展历史文旅的重要优势。作为一种人文旅游资源，文物古迹是古代人们劳动价值和精神财富的积淀，属于不可再生资源，具有脆弱性和不可替代性。然而我国在发展旅游业的过程中，对历史文旅资源的开发利用和有效保护存在着一些不容忽视的问题。

第一，一味追求经济效益，忽视了历史文旅的社会效益和环境效益。例如，一些城市大小烟囱每天向空中排放着黑烟，形成酸雨，严重损坏了古建筑物。

第二，不注重旅游景点的整体布局，破坏了历史文旅的艺术审美功能。例如，在一些景区临时修建应急房屋，一些商贩乱搭乱盖，甚至用高音喇叭叫喊，招揽顾客。这些都严重地破坏了历史文化景区的文化氛围，大大减少了其历史价值和旅游价值。

第三，文物古迹的破坏和流失。由于某些游客文化修养较低，经常攀上古文物、古建筑物留影，甚至签名，这种行为不啻毁灭人类文化遗产。此外，有些人利欲熏心，疯狂盗掘古墓，走私文物，导致我国珍宝大量流失。

文化名胜和历史古迹的保护是一件任重而道远的事情，这不仅是发展历史文旅的需要，更是对人类文化遗产的拯救。一方面，各级政府和有关单位必须加大执法力度；另一方面，旅游者的文化修养也有待提高，要认识到这是作为一位中国公民应尽的义务。

（二）配套设施的建设

餐饮业、旅店业等服务设施是体现旅游接待能力的主要标志。20世纪80年代以来，我国旅游服务设施有了相当大的发展，但仍然存在着一些问题。

第一，盲目追风赶潮，导致不少地区饭店和旅店建设的增长速度远远超过客源增长速度，尤其是在旅游淡季。这就导致客房出租率低，配套建设没有得到充分利用。

第二，一味追求豪华。从旅游者的消费水平来看，我国旅游城市的饭店档次应为：高档饭店（四、五星级）约占15%～20%，中档饭店（二、三星级）约占60%，低档饭店（一星和无星级）占20%～25%。然而，目前我国的饭店构成情况却是：高档饭店占50%～60%，中档占30%，低档占20%，形成高、中、低档之比呈倒金字塔形的不合理结构。根据旅游客源市场的问卷调查，游客中大多只要求舒适、卫生、安全，而不求奢华。

以上是我国旅游服务设施的总体情况。具体到历史文旅中旅店业的开发，则必须在建筑风格和服务中突出自己的历史文化个性和地方特色，与景区的历史文化氛围相一致。因为建筑风格也是构成旅游景点、突出景区历史文化形象的人文成分之一，所以旅馆建筑必须与旅游景区的文化传统和地域意境协调起来。然而我国在进行历史文旅的开发过程中，曾一窝蜂似地去搞"千楼一面""火柴盒"式的现代宾馆建筑，不仅与古色古香的历史文化景观不相协调，而且将景观建设的"自我"都淹没了。

现在，国内已开始出现一批在中华民族传统风格上因地制宜设计建造的旅游宾馆，游客在满足食宿等物质需求的同时，又能感受到浓浓的历史气息和文化氛围。

（三）旅游市场的定位

旅游市场的概念有广义与狭义之分。广义的旅游市场是指，旅游产品交换过程中所反映的经济行为和经济关系的总和；狭义的旅游市场是指，一定时间、一定地点现实的和潜在的旅游者，即旅游客源市场。就历史文旅开发而言，其市场体现了如下特征：

1.从旅游需求市场来看

（1）世界性和异地性。欣赏异域的历史文化是旅游者的动机，此市场一般在历史文旅资源之外。现在异地的旅游市场已由国内的区域性扩展到国际的世界性。在我国，要发展历史文旅，光靠丰富的人文资源远远不够，还需要旅游企业随时监测市场变化，掌握其发展动态和趋势，及时调整产品结构和经营方式，在产品设计和市场推广方面，注意自己良好的文化形象，以质取胜，名利双收。

（2）季节性。历史文旅的客流量往往受到社会文化传统和节假日等因素的影响，从而造成旅游淡旺季。西安、北京、洛阳等古都在旅游旺季往往超负荷接待，而在淡季却令人担忧。如何开发淡季市场、合理疏导旺季市场是旅游企业必须考虑的问题。

（3）知识性。在马斯洛的需求层次理论中，旅游需求属于较高层次的需求，历史文旅的文化渗透和历史启迪功能往往对需求市场的形成产生了影响。例如，甲骨文虽然颇具史料和书法艺术价值，但是在推向市场时并不能吸引众多客源，"曲高和寡"就是这个道理。

2. 从旅游供给市场来看

（1）地域性。历史文旅必须以历史名胜为资源基础和依托，故其市场供给体现出鲜明的地域特色。之前曾经讲到我国历史文旅的地域特征，其实就是供给市场。

（2）低弹性。从历史文旅供给市场的资源因素、服务设施、社会文化背景及文明程度来看，旅游供给一般不易改变。其中，资源几乎不变，而服务设施以及供给地的社会文化文明程度却往往有一定的改变。

（3）波动的脆弱性。旅游市场供给要求旅游业内部各组成部分之间、旅游业与交通运输业等其他行业之间协调发展，任何一环脱节，都必然造成整个旅游供给市场的瘫痪。另外，经济危机、文化传统的差异和国家关系的恶化都会导致旅游市场的波动，使旅游业表现出较大的脆弱性。

（四）交通文化的历史开发

旅游交通是旅游产品的组合纽带，包括对外交通的连接与方便度，以及区内地方交通的种类、数量、能力、布局和区内地方资源的连接情况等。

我国自发展旅游业以来，旅游交通已经得到显著改善，形成以城市交通、缆车、索道等为主体的旅游交通布局，但还存在着一系列问题：①铁路运输客流无论是在时间上还是地区上都有显著的不平衡现象，需求与供给矛盾相当突出，其缺口率达30%以上，旅客列车普遍超员，"买票难""出门难"已成为旅游业进一步发展的桎梏。②在公路运输方面，运输装备陈旧落后，国外已流行的坐小轿车旅游，在我国却才刚刚起步。③航空运输起步较晚，飞机数量少且利用率低，客运能力有限。④对内河航运重视不够，在综合治理河道方面只注意防洪、灌溉与发电，忽视水运。例如，长江支流的水利建设，建起近千个闸坝，使长江原来的7万多千米航道缩短到4万千米。因此，内河运输客运能力低，旅游旺季往往出现超员运载和游客积压的情况。⑤城市客运量，尤其是大城市客运量的增长速度远远大于运输能力的增长速度。这些问题对我国旅游业起了"滞后"影响。

在历史文旅中，交通不仅仅是必需手段，也是旅游者整个旅游活动的重要内容。这就要求在旅游线路的设计、旅游景区内各景点的交通连接方面，突出文化内涵，满足旅游者的文化需求，提供不同于一般旅客服务的特殊服务。以内河航运为例，在湖北省内寻访"三国"遗迹，可溯长江而游：浦圻—赤壁—东坡赤壁—武汉—荆州古城—"彝陵之战"古战场遗迹，一水以贯之。游船往往被称为"漂浮"的旅游胜地，因其能提供衣、食、住、游全套的服务而备受青睐。

总体来说，我国历史古迹和文化名胜星罗棋布，但交通覆盖率远远未达到游客随心所欲的地步，许多景点让游客望而却步。这有待于国家进一步提高运输能力，改善交通状况。另外，结合历史文旅的特性，将交通纳入整个旅游的文化氛围之中，也是发展历史文旅的交通建设的一大关键问题。

三、开发规划

（一）开发原则

历史文旅开发指充满现代意识的开发主体对逝去的历史这种特殊客体进行解剖、分析、筛选、吸收、点染和创造性的更新构建，通过历史文化资源开发对历史文化进行继承、延续、升华和再创造。

历史文旅的开发与规划应在充分考虑到市场经营原则的基础上，注重历史文化底蕴的回归，突出体现旅游资源与历史文化的结合。现代旅游给予旅游消费者的不应仅仅是旅游服务，更要提供给旅游消费者突破传统形态上的更丰富的精神享受，历史文旅正是要将无形的历史文化资源展现在现实旅游中。在历史文旅的区域空间规划上，应把握以下几个开发原则：

1.突出历史内涵，感受文化氛围

历史文旅是将历史文化体现在旅游产品中，因此在开发中确定并突出旅游地的文化属性就变得尤为重要。在这一导向下，历史文化景观旅游区应把握该地域历史资源的文化定位，使旅游者既能从中吸取历史文化的精华，也能对传统的历史文化进行现代意识的思考，做到寓学于游。

例如，河南安阳殷都旅游区，由于殷都是中国七大古都中有文字记载的第一处稳定都城，也是目前学术界公认的全面发现宫殿基址、文字与青铜器的第一个古都，因此殷都旅游区体现的是中国古都文化的主旋律。殷都的宫殿基址显示了昔日殷都的庞大规模和商朝政治、经济、文化的发展；出土的甲骨文展示出关于中国早期文明的信息，潜移默化中国人的行为模式、思维方式乃至心理结构，成为中华文化传统形成和传承的重要参与者；沉雄厚实的青铜器蕴含着深厚凝重的原始观念和情感，也积淀着早期时代粗犷的历史力量以及人类的童年气质。开发者通过以上的历史遗址和出土文物，在旅游区的开发中突出表现了殷都的文化内涵，使旅游者可以从中了解到中国商朝的传统文化以及当时政治、经济的发展，并从殷都的显赫到荒芜至破毁进而湮灭的历史进程中，得到"殷鉴不远"的启迪。

2. 针对旅游者的历史文化需求，强调精神文化享受

历史文旅作为现代旅游发展的产物，属于文化经济的范畴，当然也离不开市场，必须遵循基本的市场原则。在旅游业高速发展、竞争日益激烈的今天，历史文旅的开发要针对市场需求，创造满足历史文化消费需求、激发旅游者兴趣的旅游产品。也就是说，在历史文旅开发的过程中，要根据旅游者的需求，提供更周到的旅游服务，让旅游者能够从历史文旅中得到丰富的精神文化享受，从而使旅游开发最终获得良好的经济效益。

例如，在漫长的中国历史长河中，三国这段历史因其政治、军事、外交斗争的激烈纷繁而富有特色，又由于历代戏曲和小说《三国演义》的流传，使三国人物和故事对中外游人产生了巨大的影响和吸引力。三国故事中的遗址分布在河北、四川、湖北、河南、陕西、甘肃、湖南、云南、安徽、山东、江苏等广袤地区，虽以湖北、四川两地最为集中，但遗址分散性仍很大。仅湖北境内的三国胜迹就有 140 多处，可供观赏的有 50 余处。针对旅游需求，湖北省旅游局为此推出"湖北古三国特色旅游"线路，以"黄石—武汉—蒲圻—荆州—宜昌—当阳—襄樊"为旅游轴线，将沿途分散的三国胜迹串联起来，这样不仅方便旅游者的连续旅行，更重要的是让游客能够尽可能多地了解三国历史，极大地满足

了游客对历史文化享受的需求。

3. 注重文化个性特色，发挥历史景观优势

历史文旅不能相互模仿、大同小异，在开发中应把握该地历史资源的特点，并将其充分显现出来。在开发中，可以根据某个历史人物、历史事件以及当地历史遗址的文化价值，突出各个不同历史文旅区的个性特色，围绕这些个性化主题进行历史文化的旅游开发。需要指出的是，突出个性要注重历史文化背景的可靠性，不能靠搜罗野史，更不能靠捏造子虚乌有的东西。如果在缺乏历史文化背景可靠性的基础上建筑假景假物，则会显得做作别扭、不切实际，更不能使旅游者在历史文化上产生共鸣。

4. 注意景观整体风格，突出历史文化形象

历史文旅的开发应确定旅游地的整体文化风格或文化主格调，并围绕这一整体文化风格进行旅游项目设计和旅游产品开发。在历史文旅区内，不论是自然景观、历史遗址还是人造建筑，都应该表现其确定的文化主格调，突出该旅游区的整体文化风格，把握历史文化的导向，切忌现代化改造倾向。否则，历史文旅区的城市化、公园化都会破坏历史文化风格的整体性，使历史文旅失去其原有的意义和特色。

例如，武汉武昌磨山旅游区中的"楚城"，旅游部门在此人为地修建了楚城墙、楚市、屈原像以及各种历史典故的人物雕塑，意在表达武汉作为古楚属地富有浓厚的历史文化特色。但是在人造景观的周围，也不乏现代化的快餐店，公园式的风车建筑、草坪及花园，而这些恰恰破坏了"楚城"楚文化的整体特征，难以形成鲜明的整体风格，从而失去了其独特的历史文化个性。

5. 兼顾可持续发展，强调历史文物保护

进入 20 世纪 90 年代，随着人类社会对"可持续发展（sustainable development）"这一主题的日益关注，人们开始意识到旅游业的发展

与自然环境以及旅游资源之间的矛盾正在加深。历史文化资源中的有形部分，如自然景观、历史遗址、文物、化石等均为不可再生资源，一旦被破坏将永远丧失。所以在历史文旅的开发中应总结传统开发模式所带来的教训，在保证旅游开发和旅游活动经济效益的同时，兼顾开发的质量和可持续性，重视对历史文化景观、文物古迹的保护与修缮工作，同时加强对工作人员和旅游者的教育和宣传，通过改善旅游环境和保护旅游资源，实现历史文旅的可持续、和谐发展。

（二）开发程序

1.开发环境分析

对历史文旅开发环境的分析不仅涉及对旅游客体——当地历史文化资源价值的认识，以及对历史文物古迹地理环境的评价，还要考虑旅游主体——旅游者对历史文旅产品的认识和喜好程度。一般认为，文物古迹越集中的地方，蕴含的旅游价值就越大，越能吸引游客。此外，该地区历史文化风格越独特，旅游者对旅游产品的偏好程度也就越大。因此，我们在对历史文旅资源的开发环境进行分析时，可从数量性、质量性和独特性三个角度出发。

（1）数量性。文物古迹集中的地方，可以形成以文物古迹为主的旅游线路，如西安、北京、洛阳、开封等旅游城市以及湖北境内的古三国旅游线路。这些历史文化资源因其古迹相对集中而具有易于开发、历史文旅价值高的特点，这对于收藏文物古迹的博物馆亦是如此。

（2）质量性。开发环境的质量指当地历史文化所蕴含的信息量和文物古迹的保护程度。一般来说，旅游资源传递的文化含量越高，文物古迹保护得越好，旅游价值就越大。例如，我国的万里长城不仅反映了中国古代劳动人民高超的建筑技术，更为重要的是，长城在历史长河中所形成的丰富的历史文化价值使得它成为中华民族精神的象征物，加之明代长城部分建筑保存完好，更具有极高的研究价值和旅游价值。

（3）独特性。旅游者旅游的目的是寻求不同于自己日常生活中常见的东西，这种"求异"的旅游心理，使得分析历史文化开发环境时，要发掘当地历史文化文物古迹的独特性。由于中国地大物博，各地自然环境各异，再加上长期的历史创造，形成了各地风貌不同的历史文化特征。从大的方面讲，我国有北方长城以北的草原文化、黄河中游的秦文化和三晋文化、黄河下游的齐鲁文化、四川盆地的巴蜀文化、长江中游的荆楚文化、长江下游的吴越文化、珠江流域的岭南文化等。自然区域文化为历史文旅创造了便利条件，所以在开发环境分析中应把握本地自身的历史文化特色，这样才能使旅游资源的开发更有价值。例如，同样是名楼，黄鹤楼、岳阳楼、滕王阁就风格迥异。

2. 开发内容确定

历史文旅的开发内容要以该旅游区的历史文化主题为中心来进行拓展和设计。开发内容的确定要注意以下几点：

（1）要针对历史文旅的市场需求，结合本地区的历史文化资源条件，在旅游产品，即旅游的综合服务上做出各种决策，体现历史文化的旅游价值，同时获得较好的经济收益。

（2）应抓住历史文化的独特性、地域性、持续性的特点，创造旅游消费者的文化消费需求，让他们在历史文旅中体验到一种在别处无法体验的经历，得到精神方面的享受。

（3）应配以吃、行、住、购、娱等方面的服务设施，但在开发中要保持历史文化风格的完整性，突出该旅游区历史文化的主题特色。

3. 旅游项目设计

我国的历史文化资源广泛蕴藏在全国城乡大地和社会生活之中，应该动员国家、集体和个人的力量，对东、南、西、北、中全国各地区的各类型历史文化资源分主次、轻重、缓急，有领导、有组织、有计划、有步骤地进行全方位多层次的开发，最终实现对我国古老文化的科学扬弃，使其中的精华成为具有中国特色的旅游资源的有机组成部分。

根据历史文化资源的不同类型，旅游项目设计分为对历史名人、历史古都、原始遗址、战场遗址和城墙关堡的开发形式。

（1）历史名人

在我国光辉灿烂的文明史上，贤君名相、名哲先驱、科学巨匠、文艺大家、骚人墨客、政治豪杰、军事奇才、民族英雄、革命先烈，层出不穷，光芒四射。他们不仅给后世留下了永不泯灭的精神财富，而且在中华大地的青山绿水之间留下了数不尽的遗踪胜迹，成为我国历史文旅资源的重要组成部分。

有关历史名人的历史文旅开发，包括与名人相关的历史遗迹、名人身后的纪念场所和纪念建筑、名人笔下的山川风貌、历史遗物及以名人命名的景观等，概括起来可分为如下几个方面：

①名人故里。即名人的出生地（名人的故乡）。人们热爱自己的故乡，人们也非常看重名人的故乡，因而名人故乡的胜迹是一种非常珍贵的旅游资源。旅游部门可开办瞻仰名人故里的旅游活动，追溯名人年少时的外部环境，开发其活动遗迹、遗物并宣传名人的传说、逸闻，让游客了解名人的生活事迹并从中得到人生哲理的启迪。

②名人故居。即名人年少时生活和读书的居地，或是成年时生活和工作的场所。有的名人故居仅限于家乡故居，有的则随着其活动足迹遍布全国。旅游者瞻仰名人故居，缅怀名人业绩，或目睹年少时的家庭环境、了解慈母严师的教养，或聆听名人的勤勤恳恳、兢兢业业和为国为民的事迹介绍，会感到特别亲切，受到直接的熏陶。

③名人贡献地。即名人一生创建丰功伟绩之地。历代名人的卓越业绩和光辉成果都是在特定的历史时代、地理环境中形成的。旅游部门对那些业绩尚在的，如四川李冰父子修造的都江堰水利工程等进行开发，

可以激发游客的壮志豪情和爱国主义感情。

④名人游历地。历代的名人大家，往往都是出色的旅游家。受祖国壮丽河山的启迪，他们所到之处往往留下不少笔墨丹青，为多娇的江山胜景增光添彩。后人为崇仰圣贤的思想文采，并为家乡的美景"锦上添花"，往往建筑各类永恒性的纪念物。这类纪念物随着时间的不断推移，逐渐成为当地的名胜古迹，为后代游客所热衷游览及观光。长江西陵峡的三游洞，由于唐代诗人白居易、元稹、白行简三人曾来此寻幽探胜，故而得名"前三游"，后宋代苏洵、苏轼、苏辙父子三人也曾游至此，遂称为"后三游"。名人游历地往往留下不少美诗华章传扬千古，而且还留下不少充满诗情画意的动人传说。游客在此不只可以观赏胜景，还可吟诵名人的美诗华章。因此，这类名人胜地特别受到具有较高层次文化素质的海内外旅游者的广泛欢迎。

⑤帝王陵寝名胜。中国陵寝制度初创于秦汉时期，随着秦朝统一集权和封建国家的建立，为与至高无上的皇权相适应，形成了日益完善的中国封建帝王陵园布局规划，在陵园中出现了高大的陵冢和供死者灵魂起居的寝殿建筑。此后，各朝各代的陵寝建制都体现出不同的风格与规模。现在，中国封建帝王陵寝的一部分虽然已遭破坏，但大部分还都保留完整。著名的有陕西省临潼区骊山北麓的秦始皇陵，陵内兵马俑的发掘已轰动世界，被誉为"世界第八大奇迹"；另外还有陕西咸阳西汉帝陵、河南洛阳东汉帝陵、陕西礼泉唐太宗昭陵、陕西乾县唐高宗与武则天乾陵等。中国历代帝王陵园都是一座座古代文化宝库，无论是地面上的恢宏建筑还是地宫中的奢华珍藏，无不凝聚着劳动人民的血汗和智慧，体现了中华民族伟大的创造力。对帝王陵园的开发要注重挖掘与保护的同步进行，因为这些陵园是最具中华民族特色的人文旅游资源，已成为世界各国旅游者越来越热衷访古览胜的地方。

（2）历史古都

都城作为首府，是城市制度的高级形式，是一国的政治、经济、军事和文化的中心。中国历史都城昭示了都城的君本位内涵，君主居住并行使统治的宫殿是政权、军权、祭祀权的最高集中地，构成中国古都的主体，而民间经济、文化设施则是派生的，以宫廷的附庸形式而存在。中国疆域广袤辽阔，中国古都也经历过多次移动而造成经济、政治、文化中心的转移。古代中国先后涌现过数以百计的全国性的或地方割据性的都城，其中尤以七大古都——西安、洛阳、开封、安阳、南京、杭州、北京著称于世。从安阳殷墟到北京紫禁城，上下三千余年间古都的此消彼长反映出中华民族在东亚大陆这片广袤土地上创造历史的轨迹。旅游部门在开发上要注重各个历史时期的人文特色，并适当地与其他地域进行对比以形成差异，如导游可向游客介绍其他几大古都的特点并加以比较，突出本地区历史文化的特色。在开发历史古都旅游资源时，当地政府应注意旅游路线设计的连续性与科学性。古都历史景点较多，如果游览路线设计得不科学，会给游客带来许多不便。古都旅游的文化主题是要让游客既了解中华民族昔日的荣光以及民族卓越创造精神的集结，又能看到中华民族历史的沉重与艰辛，从而深刻地体验悠久而迷人的中国古老历史。

（3）原始遗址

中国不仅是人类文明的发祥地之一，也是人类起源和发展的一个摇篮。早在一千多万年前，被视为人类共同祖先的古猿就在我国的土地上生活着。中国的原始先民多傍水而居，黄河流域、长江流域、珠江流域和东北的辽河、黑龙江流域是他们较理想的活动区域，而且他们还从这些地区向四周发展，足迹遍布全国各地。到目前为止，我国在24个省、自治区、直辖市都发现了旧石器时代遗址，新石器时代遗址发现有7 000多处，遍及全国。

我国的原始遗址极其丰富，其中有不少可作为特色旅游资源开发。例如，北京市房山区周口店北京人遗址是我国旧石器时代的重要遗址，已被列入世界自然文化遗址清单；山西省襄汾县丁村遗址，丁村人形态介于现代人和猿人之间，属于早期智人；浙江省余姚市河姆渡遗址，是长江下游东南沿海新发现的新石器时代遗址；陕西省西安市东郊的半坡村遗址，是黄河流域规模最大、保存最完整、最具典型价值的原始社会母系氏族遗址，距今约 6000 年。随着我国考古事业的进一步发展，必将发掘出更多新的原始遗址。

在对这些原始遗址的开发中，旅游部门应结合考古发现，向游客展示我国古文化的闪光点，建立展览馆，陈列已发掘的出土文物，在遗址周围修建人造模拟景观，再现远古时代我们的祖先穴居生活的情景，并配以导游的解说或旅游部门分发的印刷品，让游客了解原始社会氏族组织形式及古老的文化传统。原始遗址的旅游开发应力图表明中国是人类起源和发展的摇篮之一，使广大游客从旅游中寻觅到人类起源的奥秘。

（4）战场遗址

战争是血肉之躯的拼搏，是智慧高下的较量、道义和罪恶的较量、武器技术优劣的较量、战士素质强弱的较量和人心向背的较量。一场大规模的战争即使隔了数百年乃至数千年之后，仍会为人们津津乐道。对战争发生地——战场遗址，人们莫不愿一睹为快，以寄托思古之幽情，怀念和凭吊心目中的英雄。有些历史上著名的战争遗址，都是具有高品位的历史文旅资源，历来为世界各国旅游部门所重视和利用。我国历史悠久，留下了无数著名战例，至今脍炙人口。不少著名战例还留下了纪念性遗物。例如，离郑州三千米的黄河南岸广武山，有秦朝末年楚汉相争的遗迹——"楚河汉界"，至今仍然保存得十分完好。战场遗址都值得所在地区的旅游部门进行选点、布点，有计划、有步骤地进行开发。

在对古战场旅游区的开发过程中，旅游部门可修建纪念馆，以沙盘再现当年战斗的雄壮场面，修缮当年战斗遗留下来的工事，展出当年战争中使用的武器。有的地区甚至可以依托古战场，以历史战争为题材，恢复部分古战场遗址，建成具有古代军事特色的古战场旅游区。

（5）城墙关堡

城墙关堡是古代帝王或地方割据势力为了军事防御而修建的。从春秋战国起，一直绵延至近代为止，在中国广袤大地上散布着众多的城墙关堡，从西部边陲到东部沿海，从穷乡僻壤到内地发达城镇，均可看到其遗踪。

在现存的城墙关堡中，最著名的当属万里长城，它蜿蜒于中国北部，气势雄伟，被列为世界中古七大奇迹之一。万里长城从鸭绿江至山海关这 900 多千米的一段，修筑坚固，至今大部分保存完整，仍巍然屹立。此外，散布于全国各地的地区防御性城墙关堡，如始建于春秋时代的吴王阖闾元年（公元前 514 年）的苏州城墙、始建于秦代的河南省灵宝市境内的函谷关等，都具有浓厚的地方特色和民族特色，是当地极其宝贵的历史文旅资源。

在对城墙关堡类旅游资源进行开发时，要在不影响现代建设的前提下，进行保护性开发，各地旅游部门要做好与政府其他部门的协调。古代的城墙关堡现已失去了军事防御功能，但它们是研究我国封建社会城市、军事历史的珍贵实物资料。所以在开发这些实物资源时要突出其在历史、经济、政治、军事活动中的地位，导游同时向游客讲解其建筑的历史背景及过程，让游客知道它们不单是一项建筑工程，更是一份闪光的历史文化遗产。

4.旅游市场推广

历史文旅的开发离不开市场需求，只有旅游者对某一地域的历史文化产生浓厚的兴趣，并且旅游企业需推出极富吸引力的旅游产品，才能使历史文旅资源的开发获得较高的经济效益。作为旅游企业，在开发历史文旅时做好市场推广是必不可少的。

历史文旅产品的市场推广分为广告、销售促进、公共关系促销和旅游印刷品等几种形式。

（1）广告

广告是由企业和组织出资，请广告公司进行创作，以付费的方式由媒介发布和传播本企业产品的信息，以树立某种产品形象和对企业进行宣传的一种促销方式。旅游广告是指由旅游企业、旅游目的地国家和地区旅游组织出面，用付费方式选择和制作关于本地历史文旅方面的信息，并通过电视、广播、网络、杂志等媒介向国内外社会公众发布出去，以提高影响力和知名度，树立旅游目的地国家、地区和旅游企业的形象，达到促销目的的一种广告形式。

对历史文旅产品的广告宣传而言，必须以本国、本地区的社会、经济、文化环境为依托，突出该地域的文化特色；在手段上要注重吸引力与表现力，利用声音、色彩、影像等艺术和技术手段，在内容上要力图宣传和塑造历史文旅产品的总体形象。

（2）销售促进

销售促进是指为同行业（中间商）或消费者提供短期激励的一种活动，目的在于引导其购买某一特定产品。由于旅游产品具有生产消费同一性的特点，只有实现销售才能促进旅游产品的再开发与再生产，所以销售能促进旅游企业的对抗竞争，促进效益的增长。开展文旅销售促进活动可采用赠送纪念品、宣传品以及富有历史文化特色的实物礼品等手段，还可以针对旅游者采取赠送折价券、优惠券等方式来吸引游客。例如，为推销某条游览路线，旅行社向旅游者赠送旅游地风情画册、特产、纪念品以及可以在这条线路上定点商店享受购物折扣的折价券。

需要强调的是，历史文旅在销售促进中赠送的纪念品和礼品应尽量体现当地旅游资源的历史文化特色，要能使旅游者把它同该次旅游活动和享受的服务联系起来，提升旅游地的吸引力。

（3）公共关系促销

公共关系促销指通过信息沟通，发展企业和社会、公众之间的良好关系，建立、维护、改善或改变企业和产品形象，采取有利于企业的经营环境和经营态势的一系列措施和行动。旅游企业的公共关系工作包括两个方面，即针对新闻媒体的公关活动和针对社会公众的公关活动。

成功开展历史文旅活动与公共关系促销密不可分。历史文旅产品的开发要以旅游目的地国家和地区的社会、经济和文化生活为依托，如果不能将本地区的优秀历史文化向公众展示，或者不能树立当地旅游业良好的形象，是无法参与竞争、吸引旅游者的。旅游部门应加强针对新闻界的公关活动，加大对外的公共宣传力度，如举办各种具有历史文化特色的公益活动等，给公众留下深刻的印象。同时，旅游企业的员工应针对旅客开展公关活动，除了提供优质服务外，还应向他们宣传本企业的历史文旅特色，扩大历史文旅企业的知名度。需要指出的是，公共关系活动主要以不付费的方式提供，不像广告那样带有浓厚的交换色彩。

（4）旅游印刷品

旅游印刷品是由地区或国家旅游管理部门、度假地、游览地管理部门及旅游企业出资制作，用于旅游宣传、提供信息服务和其他一些实际功能的旅游线路说明书、目录集、价格表以及其他用途的信封、挂历、明信片等。旅游印刷品由于其图文并茂、精美大方，可以长时间保留，随时提供信息支持，并能表现当地历史文化特色，加之其他的一些实用功能和便利的特点，所以深受旅游者的欢迎。

对于历史文旅而言，旅游印刷品成本低，节省促销经费，同时能融实用性与艺术性为一体，较好地反映了当地历史文旅资源的特色，为潜在的旅游者提供了重要的信息沟通渠道，达到了良好的促销效果。

第二节 民俗文旅的开发

一、民俗文旅

在《中国旅游百科全书》中，对于民俗文旅的定义为：观赏、考察、了解不同民族具有的传统性文化风俗习惯的旅游。也可以理解为，民俗文旅就是以民风民俗因素作为吸引物和承载物，激发旅游者兴趣，通过旅游者的亲身投入，成为特定民俗环境中的一员，来达到旅游主体和客体的双向交流，满足旅游者休闲、探奇、求知心理等目的的旅游活动。

民风民俗作为一种人文旅游资源，具有其他旅游资源所不具备的，最为突出的一点就是可以参与。自然风光、文物古迹、园林等旅游资源只是旅游者能够观赏的对象，旅游者只能通过观看来欣赏和感受，不能现实地融入其中。但民风民俗不同，它是通过人的现实活动和表演表现出来的，与旅游者的观赏活动同步进行，这就给旅游者的参与提供了现实的余地和机会，使民俗旅游成为现代旅游开发的重点和我国发展专项旅游的优势之一。世界各国、各地区的旅游者喜爱到中国来旅游的一个重要原因就是我国有着悠久的历史和丰富灿烂的传统民族文化，在旅游过程中可以接触到许多新奇的事物，增长知识，引起心灵的颤动，特别是可以参与各种民俗活动，成为环境中的一员，获得一种有别于日常生活的充满情趣和刺激的体验。因为寻求差异、开阔眼界、扩大知识面、满足好奇心理，从中获得美的享受，是旅游者旅游的动机之一。旅游者购买旅游产品时所追求的最内在实质就是一种旅游经历，一种感受和体验。据一项对外国来华旅游者的调查发现，美国来华游客中 56.5% 是为了了解中国人的生活和社会风俗，为了游览名胜古迹的仅占 21.7%；日本来华游客中 68% 是为了体味我国的民风民俗。可见，我国开展国际旅游的优势是来自民间、民族、上下五千年悠久的历史和文化，古老、神秘的文明和传统文化才是中国旅游资源的支柱。因而，我国的旅游开发应该顺应世界旅游发展的潮流和需求，利用古今民风民俗这"取之不尽、用之不竭"的旅游资源，发展民俗文旅。

二、民俗文旅开发的现状

民俗文旅的发展开阔了人们的旅游视野，加快了各国、各地区、各民族间旅游文化的交流，满足了国内外游客对旅游的深层次需求，促进了旅游资源地经济的发展。但是，随着现代旅游市场的发展及旅游者需求的不断变化，民俗文旅开发中存在的共性问题也十分突出。

（一）民俗资源开发无序，民俗村重复建设严重

在民俗文旅开发的过程中，许多地区在对民俗文旅还没有认真了解、仅受部分成功经营地的示范效应影响的情况下，便仓促作出开放民俗文旅的决定。既没有考察旅游市场的需求，又没有分析自身的民俗旅游条件，形成一哄而上开发民俗文旅的局面，即便是旅游管理部门或更高层次的宏观管理部门也无法有效调控。

（二）民俗体系残缺，民族特色不鲜明

民俗深入人们生活的各个角落，所包含的层面极其丰富，内涵和外延极其广泛，所以民俗文化可以作为旅游资源来开发的比比皆是。但由于受我国传统观光旅游产品的影响，民俗旅游开发的思路、民俗旅游产品的体系都残缺不全。民俗旅游产品多局限于民俗文化村（且多为人造景观）、民俗节庆活动项目、民俗博物馆，开发的广度不够，许多极具开发价值的民俗未得到很好的利用，无法跟上现代旅游市场需求多样化、

个性化的发展趋势，使得相当一部分民俗旅游需求得不到满足，从而在总体上降低了民俗旅游资源地的吸引力和竞争力。

（三）民俗文化内涵缺乏，游客参与性不强

民俗文化既有物质因素，也有精神因素，而物质因素是属于表层的，精神因素才是深层次的。各地在民俗旅游开发中，旅游项目多停留在对具体民俗的描绘水平上，对民俗事象深层次的细节和民族心理的表现显得不足。不少民俗旅游地多在民族建筑物上下功夫，对原有的民居进行夸张性改造，让其成为建筑物的展览，使游客产生一种观看舞台布景的感觉。深厚的文化内涵往往通过丰富的文化手段来表现。因此，从建筑造型、装修设计到各种各样的细节，如民俗艺术品的陈列、居民的服饰甚至垃圾箱和卫生间等，都应是民俗文旅开发时必须考虑的。笔者认为，一个富有文化内涵的民俗旅游项目不仅应是本身所具有的民俗文化主题的高度凝聚，从而形成一类民俗主题文化中心，它也应是现代文化的凝聚，能使现代文化和民族或地区自身的主题文化相得益彰，并进一步地不断形成民俗文化的创新。自古以来，我国民俗文化本身就是在不断与外界文化和时代文化的交流和融合中得以演变和发展的，民俗文旅的实质就是一项向旅游者展示民族文化的活动，离开了其文化内涵，就等于失去了其存在的内在价值。文化内涵实质是一个民俗文旅开发的深度问题，如果产品开发缺乏深度，其内容就不会丰富，吸引力也不会长久。

（四）产品更新滞后，市场适应性差

目前，民俗文旅的开发对一些表现民俗风情的硬件（如民俗建筑）较为注重，初始资金的投入较大，所形成的民俗旅游产品一旦定型，就具有相当的刚性，经营结构也随之相适应，特别是一些投资较大的民俗旅游产品的资金来源多为银行贷款，还本付息的负担严重，因此更谈不

上追加新的投资。另外，在民俗旅游开发的思路上，相关机构多局限于民俗文化村和民族节庆活动，缺乏创新的意识和手段，由此造成产品更新换代的滞后性，市场适应性差。

三、开发规划

（一）开发原则

开发和挖掘民俗文旅资源的价值和功能，使其成为旅游吸引物，为旅游者创造良好的旅游环境，是民俗文旅开发的中心任务和基本指导思想。为达到这一目标，民俗文旅开发须遵循一定的规律和原则。

1.突出民间特色原则

特色原则要求在对民俗文旅资源进行开发时，尽量选取最有特色、具有一定垄断性或不可替代性的民俗旅游资源进行开发。唯有如此，才能满足旅游者求新、求异、求奇的心理需要，人们才会接踵而来。同时，民俗文化具有历史继承性，因而在开发过程中要注意保持和突出民俗文旅资源的原始风貌，避免对此类旅游资源的过分修饰和全面毁旧翻新，应充分利用富有地方特色和民族特色的现成建筑和设施。此外，在民俗旅游产品的开发、规划和建设中切忌模仿和雷同，完全照抄照搬就会毫无个性、特色可言，但这并不排除对一些好的经验的借鉴。总之，有特色才有竞争力和吸引力，应积极发掘各种民族风情、传统习俗、民间艺术、宗教信仰等优秀的民族历史文化遗产，体现民族特色和地方特色，使它们具有更浓郁的民族性和区域性，从而对旅游者产生极大的旅游吸引力。即使有的地区民俗旅游资源不够丰富，但如果经过精心挖掘和组合，仍会形成有自己风格特色的民俗文旅市场。

2.针对市场需求原则

将民俗文化资源作为一种旅游产品来开发，推向旅游市场，如同社会上一切商品一样，其成功的关键就看其是否适应旅游市场的需求。也就是说，民俗文化必须最大限度地满足旅游者的需要，才能适销对路，才能在激烈的旅游市场竞争中取胜，也就是要遵循市场的原则。市场的原则不仅仅局限于对客源状况的了解，它应该是多方面的综合。旅游产品与其他的产品有着很大的区别，它是一种服务型产品，其价值的核心是服务。不同的旅游者对服务的内容和档次的要求有着很大的不同，特别是当今旅游正在向个性化、多样化、参与化发展，这就要求我们多重视民俗旅游需求的个性，多扩大民俗旅游产品的选择范围，多注重民俗旅游产品的参与性和消遣性，以便给旅游者更生动、更深刻的旅游体验和经历。同时，任何产品都有一个生命周期，会经历投入期、成长期、成熟期和衰退期，民俗旅游产品也不例外。为了更好地吸引游客，就需要不断开发和创新民俗旅游产品，以保证市场的繁荣。这既是现代旅游市场竞争日益激烈的要求，也迎合了多数旅游者猎奇、喜新的共同心理。此外，民俗文旅资源丰富且具有特色的地区多分布在边远地区或交通不便利的山区，那里社会经济发展水平较低，旅游设施缺乏，其市场可进入性差，旅游接待能力不足，客源市场多依赖于外部，这就要求我们必须注重对市场的培育，既包括对旅游资源地的完善，也包括对旅游客源地的宣传和对旅游客源的营销。

3.追求综合效益原则

效益原则是指在对民俗文旅资源进行开发时，要注意研究和预测民俗旅游资源开发后的效益。这里所说的效益是一个综合的概念，既包括经济效益，又包括社会效益和环境效益。其中，经济效益是第一位的，因为民俗文旅资源开发作为旅游业经营活动的一部分，必然以追求经济效益为目标，其中牵涉投入和产出的问题，也就是说，要用最小的投资争取到最大的经济收益。这就要求对旅游资源的开发要服从旅游资源地整个社会经济发展的总体规划，保证开发所带来的收益高于所付出的机会成本；要求在开发和建设时，尽可能就近取材，力戒舍近求远，并充分利用现有的民俗建筑和民俗设施，以减少投资。此外，因资金、人力、物力等供给因素，游客的偏好、需求随市场季节性的变化，民俗文旅的开发应突出重点，阶段性发展，优者先上，在开发布局和规划时为未来发展留有余地。这样既满足了旅游者不断变化的需求，又能逐渐形成旅游资源地的规模效应。

4.强调民俗文化内涵原则

文化性原则要求我们在对民俗文旅资源进行开发时，应该注重民俗文化的内涵。对文化内涵的注重往往将成为旅游市场竞争的起点，起点高则发展余地大，竞争的手段强。文化形式的丰富和独特、民俗文旅过程的文化性、细节的文化性都是在对民俗文旅资源的开发过程中要多下功夫思考的。只有这样，才能突出民俗文旅在旅游市场上文化性竞争优势，适应现代旅游定向文化创意的新时代需要。

（二）开发程序和方法

民俗文旅资源的开发也和其他各种旅游资源的开发一样，必须遵循一定的程序来进行。其开发的程序一般应包含民俗旅游资源的调查和评估、旅游市场的预测、编制开发规划、设计施工等。

1.民俗文旅资源的调查和评估

资源调查是民俗文旅资源开发的基础性工作。我国各地自然条件差异较大，56个民族的生产方式和生活方式各有不同，各地的社会状况也不一样，长期的历史发展形成了各地及各民族丰富多彩、形式多样的传统文化和风土民情，这是我国民俗文旅开发的优势，但也给开发带来了一定的难度。由于种种原因，并不是凡民俗资源都一定能用于旅游开发，凡有少数民族的地区就一定能开发成民俗文旅区。因此，必须在民俗资源普查的基础上进行民俗文旅资源的调查，从旅游开发的角度对民俗资源进行分类，了解哪些是已经得到开发利用的民俗旅游资源，哪些是当前不宜进行开发的，哪些可进行局部的开发和利用。在此基础上，再从价值、效益、条件等方面进行科学的评估。

2. 旅游市场的预测

旅游部门要想使民俗旅游资源的开发利用获得成功，产生较好的经济效益和社会效益，就必须面向旅游市场，以旅游者的需求为开发的出发点，进行开发前的市场调查和市场预测。首先，要广泛搜集资料。既要搜集旅游者的有关材料，也要了解已开发的民俗旅游资源的有关材料，还要对主要的竞争对手有详细的了解。同时，对旅游者的旅游流行趋向、国际旅游市场的变化和潮流等也要把握。其次，将收集到的资料进行分类整理、综合分析研究，特别要将旅游者的旅游动机、旅游态度、对民俗旅游产品的认知程度、旅游行为等与民俗文旅资源结合起来分析。最后，在前面调查的基础上，用定性、定量的科学方法对未来的旅游市场、潜在的旅游消费者进行推测和展望，预测出民俗旅游市场对旅游产品的需求量、客源结构和客源规模及其变化趋势，以及民俗旅游市场的资金回报率等。

3. 编制民俗旅游开发规划

对民俗文旅资源进行调查、评估和市场预测后，要进行开发的规划编制。编制的内容应包括确定旅游开发的目标、具体待开发的民俗资源、开发项目的主题，明确开发的规模和等级，依据民俗文旅资源开发的基本原则提出具体的开发项目、产品的构思，形成与设计产品的概念，并对配套设施和环境的建设进行规划，对资金的来源、使用、回报进行规划，提出项目实施的步骤、时间和组织形式等。

4. 民俗旅游项目的设计施工

好的规划不意味就是成功的产品，这就要求在民俗旅游开发过程中，设计不能偏离规划中所确定的主题和思想，并且需要随着旅游市场的不断变化有动态的变化，即在设计和施工中进行改进和完善，以减少旅游产品不易变性和产品试销性差的弊端，控制投资风险。此外，在民俗文旅资源开发完成后，还要强化管理，处理好民俗旅游资源的保护和利用之间的问题，加强对旅游市场和民俗旅游资源的科学研究，为进一步的开发和创新提供科学依据，以延长民俗旅游产品的生命周期，发挥出最大的民俗文化的旅游价值，促进我国旅游市场的发展。

在民俗文旅开发中，由于所开发的主题不一样，具体的民俗资源也不相同，因此，各种开发方法的使用也应根据具体情况而定。但在某些方面是共同的，即要通过市场的可行性研究找准目标市场，通过慎重的地理位置选择打好经营基础，通过文化内涵的挖掘提高产品的魅力，通过滚动开发和更新改造延长产品的生命周期，通过综合开发提高总体收益，通过高效促销提高产品的知名度等。

第三节　园林文旅的开发

一、园林文旅

中国园林本就是中国文化长期积累的结晶，充分反映了中华民族对于自然美的巨大理解力和鉴赏力，而正是这些文化特征赋予了它作为一种旅游资源的潜力。中国园林素有"形象的诗、立体的画"之称，诗的意境、画的构图是中国园林创作的根本方法，由此形成了自由、变化、曲折而含蓄的东方色彩，也构成了它作为旅游资源的主要吸引力。

中国园林具有的鲜明的文学色彩形成了旅游的可感性；中国园林体现的绘画手法形成了旅游的可观性；中国园林体现出的东方观念形成了旅游的特异性；中国古典园林意境的追求形成了旅游的最高境界。

二、园林文旅开发的现状

（一）我国园林业发展状况

1. 北方园林

地位优越，配套设备完好，接待能力强大；名气大，提高了宣传力度；本身具有吸引力；本身独特的风格决定了其吸引力。

2. 南方园林

园林主题、园林设计和造园布景具有文化风格；造园艺术手段精美；文化源于艺术一体化。

（二）园林文化发展的局限性

园林发展是文化发展的产物，属于雅的范畴；它从属于我国独特的审美方式，与西方文化的差异造就了园林审美的迥异；它是由人类文化及经济发展水平不协调引起的。

三、园林文旅开发规划

（一）开发原则

首先要注重把握园林的自然属性，包括造园艺术师法的自然、分隔空间融入的自然、园林建筑顺应的自然和花卉树木表现的自然。其次，要把握园林所追求的艺术境界，注重中国传统的秩序美。

对于我国的园林，只有遵循这几个原则并细细推敲，才能深谙我国园林文化的独特之处。

（二）开发程序

1. 主题的确定

一个成功的园林设计开发首先要有一个鲜明的主题，这个主题的确定必须考虑到这样几个方面：大众口味；目标市场偏好；市场走向；主题潜力等。在此基础上，确定一个具有吸引力的主题。

2. 园林环境分析

在主题确定后，还应对其适应的环境加以细细推敲，以便相互衬托、相互添色，如园址的需求、园址周围的文化氛围、园林周围的基础建设等。

3. 收集材料，整理和综合，形成方案

在主题以及环境选定后，就可以根据实际情况加以考察研究、规划设计出产品的蓝本，再根据设计方案进行市场预测和财务预算，选出最佳方案，之后利用所创建的实际方案进行实地建设并向市场推广。

第四节　建筑文旅的开发

一、建筑文旅

作为人类最值得骄傲的文明成果之一，建筑用其自身形象反映着历代社会生活的主题，展现着我们祖先的惊人智慧。从七千多年前新石器时代的河姆渡和陕西半坡原始居民的房屋发轫，到商都、周城、秦关、汉宫及至明清辉煌的紫禁城，几千年来中国的建筑文化发展迅速。各种建筑巨构遗物也以其特有的艺术能力吸引了世界各国的旅游者，如北京故宫、天坛、万里长城、安徽屯溪宋街、西安钟楼等，堪称中国建筑的典型代表，使当今众多的旅游者流连忘返。所以说，开发中国建筑文旅的根本是为了更好地弘扬中国建筑文化特色，保护和利用建筑文旅资源。

二、建筑文旅开发的现状

（一）开发程度分析

我国开展建筑文旅活动已经有很长一段时间了，分析其开发现状不难发现，尽管我国拥有丰富的建筑资源，但在开发程度上依然停留在表层，根本没有充分有效地利用这些资源。可以说，目前我国建筑文旅的开发程度尚停留在最初级阶段，即仅限于围绕原来存在的建筑物做文章。所以现阶段的建筑文旅宣传和开发基本上都以此为中心，忽视了真正意义上的开发。从资源开发的广度而言，我国对建筑文旅资源的利用不够；从开发的深度而言，我国建筑文旅还处于初级阶段；从开发的技术手段与开发模式上看，我国的建筑旅游尚不成熟。

（二）开发中存在的问题

建筑文旅是以一定的建筑实体为依托的，一旦脱离了这一实体，文化将失去得以体现的载体。我国现存的建筑实体，本身就存在着分布不平衡的问题，加上我国是一个地域广泛的国家，民族分布多是杂乱，这种地理条件、经济条件以及不同的旅游发展观念的限制，导致我国建筑文旅的开发还存在许多问题：基础设施不完备，给旅游文化的开发造成了客观上的障碍；由于传统经营观念的约束，对建筑文旅的开发显得冷热不均、厚此薄彼；盲目地开发与改造损害了一些旅游建筑的原汁原味，损毁了其特色和文化价值。

三、建筑文旅开发规划

（一）开发原则

1. 突出文化内涵

在建筑文旅产品的开发过程中，应该充分认识到古文化的意蕴，使旅游者在参观游览这些古建筑时不仅能获得视觉的享受，而且更能满足其求知的欲望，深刻了解和欣赏中国古建筑的文化、艺术及其所反映的时代特征。

2. 结合市场需求

在市场经济时代，要想使一个旅游产品获得生存空间，就应该结合市场需求，以市场为主导。因为一个旅游产品所能表现的文化内涵毕竟是有限的，旅游消费者可能因为自身思想观念、生活方式或是气质性格的不同而对旅游产品产生不同的兴趣。所以，建筑文旅产品必须朝着大众欢迎的方向发展，但并不是一味地迎合。

3. 强调个性特色

强调个性特色可以说是任何旅游规划开发中都必须注意的问题。所谓个性化，即拥有别人所没有的、突出自己的特殊性。对于建筑物而言，不同时代的建筑物反映了不同的文化礼制，即使是同一时代，在其共性的基础上亦有其自身的特色。在建筑文旅产品的开发过程中，就要严格把握一个"特"字。

4. 注意整体风格

强调抓住一个"特"字做文章，并不等于放弃整体风格的统一，也要注意统一与变化、均衡与对称、比例与尺度等。

5. 兼顾可持续发展

规划人员必须担负起合理配置旅游资源的职责，把切实保护生态环境的历史责任放在突出地位，考虑到所修复的建筑物会对周围环境可能产生的影响和破坏，尽可能兼顾特殊的环境特色，使目标市场的游客数量控制在旅游区环境承载力之内，以维护生态环境的可持续发展。总的来说，就是既要保证建筑物的完整并及时修缮，又要保证周围旅游资源的可持续利用。

（二）开发程序

1. 环境分析

在开发规划一项建筑文旅产品时，除了对建筑物本身进行开发保护并加以利用外，更应注重对旅游环境的分析，还应注重对国家经济政策环境的分析和自然环境的分析。

2. 确定开发主题

开发者的思路不同，确定的主题也就不同，主题不同，所开发的建筑文旅产品的外在形式就不一样，从而导致产品最后的成败不定。所以，在开发前，必须先确立好主题，围绕着主题探讨和研究。目前，我国建筑文旅的主题定位大致保留的范围是宗教建筑文旅和民族建筑文旅。

3. 发挥建筑文旅的开发优势

中国古建筑受几千年来封建思想的影响较深，建筑文旅开发的内容丰富多彩。我们应该充分发挥建筑文化的几大优势：表现形式多种多样，文化底蕴深厚，与其他文化表现联系紧密，结合旅游项目进行合理开发。

4. 在市场的指导下进行实际开发

这是把建筑思想和建筑理念融入实践中的最为关键的一步，即在开发者所选定的环境中，把根据市场需要所策划的建筑文旅主题，在实际的社会表现空间中付诸实践。

5. 市场推广

这是旅游开发最重要的一步。现今是一个竞争激烈的社会，各种各样的产品竞相投入市场。要在众多的旅游产品中为建筑文旅产品争得一席之地，就必须应用现代的推销方法和现代的市场推广策略。只有在五花八门的产品宣传中让别人认识并了解建筑文旅产品，它的后续力量才会坚固。这也是当代社会主义市场经济体制运行的必然结果。

第四章　旅游业高质量发展规划

2017 年，党的十九大首次提出"高质量发展"的新表述，标志着中国经济开始由高速发展向高质量发展转变。此后，关于高质量发展的相关研究在各领域展开，中国旅游业也从追求发展速度向质量、效益双提升转变。为响应国家这一战略部署，文化和旅游部、国家发展和改革委员会等部门就旅游业高质量发展出台了系列措施，贵州省、浙江省、河北省、山东省、广西壮族自治区等地方政府也通过规划、实施意见、通知、工作方案等不同形式出台了地方性促进旅游业高质量发展的相关政策。

文化和旅游部《关于加强旅游服务质量监管提升旅游服务质量的指导意见》旨在以高质量的旅游服务推动旅游业高质量发展；《关于深化"互联网＋旅游"推动旅游业高质量发展的意见》提出以数字赋能推进旅游业高质量发展；《河北省旅游高质量发展规划（2018—2025）年》《全域旅游高质量发展行动 2020 年工作方案》《关于推进乡村旅游高质量发展的实施意见》等政策文件，均从不同角度反映出政府层面对旅游业高质量发展在促进乡村振兴、旅游提质增效、产业转型、经济高质量发展等方面的高度肯定与期盼。

2022 年 1 月 20 日，国务院印发的《"十四五"旅游业发展规划》（以下简称"《规划》"）中，多处提到了"高质量"，提到了"优质"。在《规划》中，高质量发展理念成为一条主线贯穿始终，涉及优质发展、文旅融合、智慧旅游、生态绿色、空间布局、业态融合、全域发展、供给优化、治理能力、主客共享等多个方面。

因此，顺应时代发展呼声，响应相关政策指引，探索旅游业高质量发展的机制与路径，总结旅游业高质量发展的经验与地方实践，更好地发挥旅游业高质量发展在促进地区经济转型、产业升级等方面的正向作用，是当前及未来亟待解决的现实课题。

目前，我国旅游需求规模化、细分化和中高端化发展势头明显。传统旅游消费"排浪式到此一游"的模式逐步被"多样化深入体验"消费模式取而代之，靠增值服务、二次消费和特色运营占据旅游市场成为共识。可以预见，未来一段时期，广大游客对目的地产品的质量和服务要求会越来越高，对旅游的便捷、安全、舒适度要求会越来越高，对旅游的品质化和优质旅游的要求将进一步凸显。为此，构建高质量的旅游产品和服务体系，是新时代我国整体消费结构提升的必然要求，也是旅游业转型升级的必由之路。

第一节　旅游业发展规划历程

伴随着中国旅游提质增效的发展历程，旅游业发展规划水平也在不断提升，旅游地生命周期理论、可持续发展、社区参与、生态旅游、智慧旅游、全域旅游、高质量发展等旅游业发展规划新理论与新方法不断被引入。旅游业发展规划的系统性、科学性和综合性特征越来越明显，旅游业发展规划理论基础由单一地理学科主导向地理、经济、建筑、管理、历史等多学科融合发展，旅游业发展规划主体由学院向专业规划公司转变，旅游业发展规划需求从"为资源而规划"转变为"为发展而规划"。

我国旅游业发展规划历程主要经历以下几个阶段：

①旅游资源基础规划阶段（1978—1991）。1978 年，旅游业的创

汇作用受到政府的重视。1979 年，邓小平视察黄山时提出旅游业发展规划理论的核心思想。1979 年，国家旅游局出台了我国最早的旅游业发展规划文件《关于 1980 年至 1985 年旅游事业发展规划（草案）》。此后，国家级旅游发展规划对应国民经济发展五年计划，系统的旅游经济产业思想与旅游发展规划先行的理念开始形成，地理学以及经济学领域的学者开始介入旅游规划领域。1984 年，郭来喜等人完成我国第一个旅游规划课题——《华北海滨风景区昌黎段开发研究》。此后，一系列涉及旅游规划的成果相继问世，如郭来喜《旅游地理文集》（1979）、丁文魁《风景名胜研究》（1988）、卢云亭《现代旅游地理学》（1988）、陈传康《北京旅游地理》（1989）等。

②市场导向规划阶段（1992—2002）。我国旅游业从 20 世纪 90 年代初开始引导和促进旅游产品结构的战略调整，其标志就是应国家旅游局等部门建议，国务院批准试办国家级旅游度假区，一系列文件的出台表明我国旅游规划市场开始走向成熟。1998 年，旅游业被确立为应积极培育的国民经济新的增长点；1999 年，国民休假制度改革，"黄金周"概念诞生，对旅游业产生了巨大影响。

③目的地整合规划阶段（2003—2014）。2003 年，《旅游规划通则》《旅游资源分类、调查与评价》和《旅游区（点）质量等级的划分与评定》三部旅游规划国家标准正式开始实施。与此同时，专业化旅游规划公司也蓬勃兴起，《2004—2010 年全国红色旅游发展规划纲要》（2004）、《国民旅游休闲纲要（2013—2020 年）》（2013）、《关于促进智慧旅游发展的指导意见》（2015）等文件相继出台。各地旅游部门在区域旅游合作上加快了脚步，环渤海、山东半岛、大西北、长三角、闽浙赣皖等区域旅游合作协议相继签署，掀起区域旅游合作热潮。这些都促进了目的地整合规划的兴起。

④全域旅游规划阶段（2015—2018）。2015 年，《中共中央 国务

院关于加快推进生态文明建设的意见》正式通过，"绿水青山就是金山银山"的理念被写进中央文件，"全域旅游"应运而生。2015 年，国家旅游局发出《关于开展"国家全域旅游示范区"创建工作的通知》。2016 年，全国旅游工作会议提出，中国旅游要从"景点旅游"向"全域旅游"转变；同年 2 月公布首批共计 262 个国家全域旅游示范区创建名录，11 月公布 238 个第二批国家全域旅游示范区创建名录。2017 年，国家旅游局发布《全域旅游示范区创建工作导则》，提出创建工作坚持"注重实效、突出示范，宽进严选、统一认定，有进有出、动态管理"的方针。2018 年，国务院办公厅印发《关于促进全域旅游发展的指导意见》，标志着全域旅游上升到国家层面。

⑤旅游高质量规划阶段（2018 至今）。2017 年，"高质量发展"表述首次提出，此后旅游业高质量发展在理论和实践层面展开，地方旅游业高质量发展实施意见、三年行动计划、规划等相继出台。2020 年，《临沧市旅游业高质量发展三年行动计划（2020—2022 年）》印发。2021年，泉州市出台了《关于促进旅游业高质量发展的意见》。2022 年，《承德市旅游业高质量发展规划》印发实施。这些实施意见、行动计划、规划的相继出台，为旅游业高质量发展提供了丰富的地方实践经验。

第二节　旅游业高质量发展存在的现实阻碍

近年来，各地政府在推动旅游业高质量发展上不遗余力，特别是以旅游业作为支柱产业的相关地区和旅游重点城市，旅游业高质量发展的探索步伐从未停止。

但是，在旅游业高质量发展的过程中，也出现了一些需要学界、政界和业界高度重视的问题。例如：有的地方政府对旅游业高质量发展内涵理解不清，旅游业高质量发展规划过于空洞；有的无视旅游业发展规律，将经济高质量发展的逻辑框架生搬硬套到旅游业高质量发展上，没有体现出旅游业高质量发展的独特性。

高质量发展理念自诞生以来就受到广泛关注，随着国家政策的强力推动，尤其在"加快构建以国内大循环为主体、国内国际双循环相互促进的新发展格局"发展思想指引下，旅游业顺应旅游消费扩大和旅游消费升级的新趋势，必将在商业模式、运营管理、产品创新、空间格局等方面发生系列转变，旅游业如何聚焦高质量发展成为时代课题。王学峰（2022）提出，旅游业高质量发展必须与国家战略紧密结合，需要正确理解和认识新时代我国大众旅游的内涵，需要科学把握旅游带动作用，建议重视旅游高质量发展研究范式的构建。

尽管旅游业高质量发展已经成为旅游业发展的新趋势，但受内涵理解深度、旅游发展阶段认知、旅游业高质量发展评价指标体系科学性、旅游业高质量发展规划水平等因素影响，其发展还存在诸多问题。

一、缺乏旅游业高质量发展相应的研究范式

目前，旅游研究的实证主义范式的研究领域主要集中于消费者行为研究、环境影响研究、旅游预测和建模、社会经济影响研究、市场营销调研和接待满意度研究等几个方面，建构主义范式的研究主要集中于访谈、案例、焦点群体法、评价调查等定性研究，这些研究各有优势和弊端，但旅游研究领域本身并没有形成大众认可的研究范式，闭门造车的研究、精心概念的创造，沉迷于数理范式、专注于引论立论、服从于外来标准，成为旅游研究领域的普遍现象。旅游业高质量发展涉及不同的评价体系和评价指标，尽管目前探索者众多，但尚未构建出业界认可的旅游业高质量发展评价指标体系。

同时，旅游业高质量发展与传统的旅游业发展有较大不同：传统旅游业统计指标主要以国内外游客接待人次、旅游综合收入、人均旅游花费、过夜游客比重、旅游企业发展数量等为主，重点强调数量的增长；而旅游业高质量发展除了强调数量增长，更加关注旅游业发展质量和区域旅游协调性。传统统计指标已与旅游业高质量发展统计指标不相适应，应尽快构建与旅游业高质量发展相符合的统计指标，以引导管理者和从业者的发展方向。

二、旅游业高质量发展的谋划多、规划少

虽然各级各地政府都高度重视旅游业高质量发展，出台了一系列旅游业高质量发展的政策文件，有力地促进了旅游业高质量发展的进程，但总体上仍处于谋划阶段。现有的旅游业高质量发展规划大多从乡村旅游、全域旅游、旅游城市、红色旅游、生态旅游等某个视角为切入点，缺乏系统性和整体性旅游业高质量发展规划。还有部分规划仅仅是为了顺应高质量发展的时代议题或者评审需要，而在标题上加上"高质量"几个字，实际上规划内容依然是传统的旅游业规划，缺乏与旅游业高质量发展相关的内涵和抓手。

旅游业高质量发展目前在认知方面已获得普遍认可，但从旅游产品规划、开发、服务、管理等各个环节来看，尚处于摸索阶段。

第一，从规划环节看。旅游业高质量发展相关规划目前仅在为数不多的省（市、自治区）级层面展开，部分地方虽然就红色旅游、乡村旅游、生态旅游、文旅融合等开展了高质量发展规划，但均处于摸索阶段。目前，较为成功的旅游业高质量发展规划范例还不多见，各地旅游业高质量发展的盲目性和盲从性很大。

第二，从旅游产品高质量开发环节看。现有的旅游产品高质量开发

大多重投资、重体量，打造数量若干的世界知名、国内一流的旅游产品成为各地旅游高质量发展规划的重头戏，忽视了旅游产品的异质性、创新性、参与性、体验性，旅游产品的"高大上"和游客的参与兴趣脱节，何谈旅游业高质量发展？

三、旅游业高质量发展的管理水平不高

关于旅游人才，国家旅游局办公室发布的《"十三五"旅游人才发展规划纲要》有明确的定义，主要是指"旅游人力资源中能力和素质较高，具有一定旅游专业知识、专门技能，能够进行创造性劳动，提供高质量服务，并对旅游业发展做出一定贡献的人。"进入"十四五"，我国旅游服务业融入新发展格局，从速度型增长转向质量效益型发展，从单一景区旅游转向全域旅游，从单一休闲旅游转向包括文旅在内的多形式旅游，从"小众旅游"转向"大众旅游"。这种转变，对新型旅游人才队伍建设提出了新的挑战。创新型人才、复合型人才和跨界型人才成为旅游人才队伍建设的重点方向，要求现代旅游人才具有国际视野和开放合作意识，具有强烈的创新开拓精神和较高的专业知识，具有较高的职业素养和现代治理能力，具有较高的业务统筹协调能力。

创新型人才是指突出"创新""创造"和"创能"特点，富有冒险和担当精神以及创新意识、创新思维和创造能力的人。复合型人才突出多能力"复合"特点。一般来说，复合型人才也是专家型高级人才，具备更高的技能，是精通相关领域的"高才"和"通才"。跨界型人才突出在"跨界""跨领域"上，即精通两个及两个以上行业的专业知识，具有较高跨界型职业能力的人。从定义看，跨界型人才本身也属于复合型人才，它意味着当事人是拥有交叉思维的"领军人才"，有协调关系、整合资源和胜任多角色的能力。

旅游服务业从 1.0 转向 2.0，从高速增长转向高质量发展，要靠高素质旅游人才的支撑，要靠新型旅游人才队伍的建设。可以说，旅游服务业竞争力的提升有赖于人才，加快新型旅游人才队伍建设，对新时代旅游业的高质量发展有着重要的意义。但从目前旅游人才队伍建设现状看，还存在诸多问题。

第一，新型旅游人才不足是制约旅游业高质量发展的主要瓶颈。从旅游服务业高质量发展要求和旅游市场的发展趋向看，制约旅游服务业发展的主要障碍不是单纯的人才数量问题，而是人才质量、层次和水平问题，它的直观表现是创新型、复合型、跨界型旅游人才严重不足，远远不能满足旅游业高质量发展需要。虽然旅游人才总量不足的问题也客观存在着，但"量"的问题已不是主要矛盾或矛盾的主要方面，问题的根本在"质"而不在"量"，即旅游服务业的开拓和高质量发展，最稀缺的是业界"高人""能人"，特别是"领军型人才"。

第二，新型旅游人才存在建设"短板"。旅游业发展的新阶段要求新型旅游人才有更厚实的知识储备、更精干的业务能力以及更高的综合素质。从实际情况看，国家虽然不断重视对各类旅游管理、经营、技术人才的培训，策划建设了一批旅游人才培训基地，如全域旅游人才培训基地、乡村旅游培训基地、红色旅游人才培训基地等，开展了一系列面向各类旅游业态的针对性短期培训，但在新型旅游人才建设方面仍然是"短板"，无法适应新发展阶段旅游业高质量发展要求。现在的旅游服务业明显存在"四少"现象，即富有企业家精神和领导能力的管理型人才少，富有开拓意识和冒险精神的创新型人才少，富有通识特点的复合型人才少，富有技术特长的技能型人才少。具体地说，就是创新型人才、复合型人才、跨界型人才不足。

四、旅游业高质量发展的内涵不清

推动旅游业高质量发展是回应国民经济发展需求的使命所在，也是解决旅游业面临现实问题矛盾、促进长远发展的必然选择。旅游既是一种经济现象，也是一种社会文化现象，旅游业兼具产业和事业的属性。旅游业高质量发展是旅游业作为经济产业和社会事业的协同发展，是效率与公平的有机结合，其核心要义是"供给的有效性"和"发展的公平性"。供给的有效性主要体现在多元主体培育、多种业态融合、有效引导需求等；发展的公平性主要体现在机会公平、利益均衡、过程公正等。同时，旅游业高质量发展应以新时代新发展理念为指导。

自党的十九大报告提出"高质量发展"这一概念以来，学者从经济学相关理论、可持续发展理论、中国特色社会主义理论体系等不同视角切入，对其内涵进行了探讨。国内学者借鉴高质量发展的研究成果，从经济产业与经济效益视角出发，对旅游业高质量发展的内涵构成进行剖析，从系统论出发，对新时代中国旅游业高质量发展系统进行了归纳，以旅游竞争力为切入点，探讨了高质量发展背景下旅游业发展质量的省际差异。此外，学者对旅游业高质量发展的测度评价、影响因素与提升路径等也开展了大量研究，研究对象趋向多元，研究尺度宏观与微观兼具，研究方法多样。但是，仍存在下列问题：

第一，实证研究多于理论探讨。首先，理论分析中对旅游业高质量发展内涵特征与内在要素逻辑关系等的探讨相对较少，学术界对旅游业高质量发展的内涵界定大多基于产业属性，侧重经济效益，对旅游业社会属性与社会效益关注不够；其次，国外对旅游质量的研究强调关注个体感受，对旅游业高质量发展的内涵解析具有一定的借鉴意义，但研究范式、研究目标与国内学者存在较大差异。

第二，没有深刻理解旅游业的产业属性。从一般意义上来看，衡量发展质量的标准应当包含发展的有效性、充分性、协调性、创新性、持续性、分享性和稳定性，高质量发展的主要特征体现五个转向，即从"数量追赶"转向"质量追赶"，从"规模扩张"转向"结构升级"，从"要素驱动"转向"创新驱动"，从"分配失衡"转向"共同富裕"，从"高碳增长"转向"绿色发展"。旅游业兼具经济产业、社会事业属性，二者应协同发展；实现效率与公平的有机结合是旅游业高质量发展的本质要求。现有旅游业高质量发展的研究和规划没有重视供给有效、发展公平这一旅游业高质量发展的核心要义；在发展过程中，对制度创新和技术赋能重视不足，忽视多元主体培育和多种业态融合；在供需对接中，忽视供给与需求的高效能平衡、质与量的深程度适配、生活与生态的全景式关怀。

第三节　旅游业高质量发展规划建议

一、旅游业高质量发展规划的几个弊端

（一）规划过于"高大上"

旅游业高质量发展规划是地区旅游业高质量发展的指引性规划，其重要性不言而喻。相对于传统旅游规划，现有的旅游业高质量发展规划对地区的地脉、文脉挖掘较为充分，也在规划中有很好的体现。但现有的旅游业高质量发展规划动辄就要打造"全国唯一""国内一流""全国最佳"等称号的旅游目的地，一心想"称雄称霸"，不愿意错位发展、抓小市场，不顾自身发展条件和基础，好高骛远，一味打造"短平快"

项目，忽视项目的可持续性，最终，规划宏大的愿景只能"纸上画画、墙上挂挂"。

"高大上"的规划目标容易误导地方政府。一方面，为达到规划目标，地方政府容易忽视旅游业的开发规律，一味迁就资本力量，大肆使用模仿、移植、连锁等方式，这样虽然促进了一些"短平快"的项目收益，但扰乱了市场发展规律；另一方面，一个品牌的塑造需要精雕细刻，需要不断打磨，过于超前和"高大上"的规划目标会在一定程度上扰乱地方旅游市场的成长。

（二）重建设，轻管理

地方政府和旅游管理部门在旅游业高质量发展上大多紧盯能上几个重大项目、能评几个高级别旅游景区，只关注项目能不能在五一、十一等节假日顺利完工并投入运营，处理不好短期目标和长期目标的关系。只有极少数地方政府和管理部门能坚持问题导向，重视破解发展难题，关注旅游统计口径该如何统一、旅游民宿该如何规范管理、基层文物管理工作队伍的"小马拉大车"问题该如何解决等现实问题。

（三）融合发展不够

基于"文化旅游"，文旅形成的新产业、新业态、新模式、新路径成为地方经济发展的新动能，旅游融合发展是高质量发展的基础。但现有的文旅融合过于迎合普通旅游者的文化认知、单一化的文化信息传递，最终会造成文化要素选择的肤浅、文化信息编码的偏离、文化要义传递的阻碍。进一步明确融合发展的方向和路径，推动文化和旅游在更广范围、更深层次、更高水平上实现融合发展是旅游业高质量发展要解决的核心问题之一。

此外，旅游规划具有多学科融合的性质，对旅游规划者没有硬性专业背景的要求。为此容易出现这样的情况：景观规划背景的规划者更加重视对景观的把控，最终的成果可能是近似景观规划的旅游业高质量发展规划；地理学背景的规划者重视人地关系，会从大的空间范围把控，最后规划的具体项目过泛；城市规划背景的规划者更侧重于土地性质、道路等与城市规划相关的内容把控，最终做出来的是一个近似城市规划的旅游业规划。尽管各个单位和规划者都拿出了看家本领，但最终没有专业融合，更多的是一个喧宾夺主的规划，而非真正意义上的旅游业高质量发展规划。

（四）同质化发展严重

相互学习、取长补短可有效助推地区旅游业高质量发展，但旅游规划的同质化问题一直备受诟病。例如，同一家旅游规划公司在 A 地规划了一家文旅综合体，转头又把这家文旅综合体放到了 B 地，只不过是将 A 地赖以依托的"花"文化换成 B 地赖以依托的"草"文化，这种不做市场前期评估、不考虑发展区位、不考虑游客半径的同质化规划最终很难有效促进地方旅游业高质量发展。

此外，旅游规划的委托方和编制方对旅游业高质量发展都抱有极大期待，急于在规划中出彩，不考虑自身的发展实际和独特性，盲目复制和引用其他地区的经验和案例，最终造成项目流产。而且规划中过于重视图纸的美观和华丽，忽视其表达的具体内涵，用花样繁多的图纸和案例掩盖规划空洞的不足，导致规划最终难以落地落实。

二、旅游业高质量发展规划思路

（一）着力破除体制机制障碍

着力破除影响旅游业发展的体制机制障碍，即建立健全党委领导、政府主导、市场主体、综合管理的旅游管理体制，形成对旅游业发展统一领导、统一规划、统一建设、统一经营、统一管理的"五统一"模式，即实现旅游业跨区域跨部门统筹协调发展。

这就要求加强政府对旅游业高质量发展的政策引导，加大政府对基础设施建设的投入和管理力度。大力吸引更多有实力的民营资本或外资企业共同投入旅游业高质量开发；加强政府对旅游业高质量发展的高效、科学、合理化监督。

（二）丰富全域旅游内涵

运用科学的规划手段，明确功能定位，无论是休闲、娱乐、度假项目，还是研学、体验项目，都要明确特色定位，避免同质化发展。为此，要积极推进"生态产业化、产业生态化"，大力开发特色农业旅游产品，坚持走"农旅结合、以农兴旅、以旅带农"特色新路，充分发挥旅游业的拉动、融合、催化、集成作用，为农业发展插上旅游"翅膀"。

在项目发展模式规划阶段，要坚持将规划理念和措施落实到具体空间，深挖资源潜能，积极营造出与旅游高质量发展相匹配的空间格局和配套体系，从而丰富全域旅游内涵。全域空间元素既可以是居民的生活元素，也可以是旅游者的体验元素，建立起主客融合、主客共享的联动发展机制。

（三）突出新发展理念

增进民生福祉是发展的根本目的，为此应坚持将创新、协调、绿色、开放、共享的新发展理念融入旅游业高质量发展规划的全过程、全环节。重视乡村旅游高质量发展的特色定位，在保持乡村协调规划的同时，合理地保持乡村本身的特色。服务设施的设计应紧扣简单、自然、协调原则，避免农村城市化和商业化。

旅游城市高质量发展规划要建立政府引领、产业主导的城市旅游高质量发展机制，推行全域联动、多元协同的城市设施与环境建设，重视城市旅游业高质量发展与居民生活需求的有机融合；要提高社区公共设施和资源的旅游转化率，探索文化场馆、文化街区等公共文化服务设施的景区化建设模式，实现城市与景区内外空间的平衡发展，推进景城融合的深度发展；要根植于本地居民、游客、旅游企业等利益相关者和多元建设力量，发挥政府、企业、居民和旅游者的协同动能，建立多元协同、共治共享的旅游高质量发展体制机制。

（四）实现主客共享目标

游客与社区居民之间相互的社会文化影响越来越受到旅游规划者的重视。大众旅游时代，游客与社区居民的关系特征表现为短暂性、时间和空间的制约性、缺乏共时性、体验的不平等性和不平衡性。游客与社区居民之间社会文化特点的差异程度也决定了与旅游发展相关的直接社会文化影响广度，这些差异体现在生活传统、文化习俗、生活方式、行为模式、服饰、时间预算意识和对陌生人的态度等方面。在旅游开发的最初阶段，社区居民热情饱满、激动不已，他们有了更多就业机会，收入水平也会随着游客的到来而大幅提升。随着产业的扩张，社区居民习惯了游客的到来，开始变得冷漠。当旅游业接近饱和点，或超过了当地人不扩大设施就不能应付其数量水平时，社区居民会表现出强烈的不满。在这一阶段，若不能实现主客目标共享，游客与社区居民将可能发展为彼此对抗。旅游高质量发展规划必须重视资源、设施、服务等的主客共享，只有实现主客共享、利益共享，才能实现旅游业的高质量发展。

第五章　旅游业高质量发展的资源基础

第一节　旅游资源特征

关于"旅游资源"这一概念，由于着眼点不同，存在不同的认识。《中国旅游资源普查规范》对旅游资源的定义为："自然界和人类社会凡能对旅游者有吸引力、能激发旅游者的旅游动机，具备一定旅游功能和价值，可以为旅游业开发利用，并能产生经济效益、社会效益和环境效益的事物和因素。"陈传康、刘振礼（1990）定义为："旅游资源是在现实条件下，能够吸引人们产生旅游动机并进行旅游活动的各种因素的总和。"故枝茂、马耀峰（2000）定义为："凡能够吸引旅游者产生旅游动机，并可能被利用来开展旅游活动的各种自然、人文客体或者其他因素，都可称为旅游资源。"

中国土地广袤，山川锦绣，历史悠久，民族众多，自然景观丰富多彩，人文景观璀璨夺目，为中国旅游业的发展提供了丰富的资源基础。中国旅游资源在全球具有明显优势，具有巨大吸引力。概括起来，中国旅游资源具有四大特征：

一、旅游资源的多样性

中国是世界上旅游资源最丰富的国家之一，拥有种类繁多、类型多样、富有美感、不同类型的风景地貌景观。自然景观包含地质地貌景观、气象气候与天象景观、水体景观、动植物景观、综合景观等类型。人文景观包含历史古迹、古建筑、陵墓、园林、宗教文化、城镇、社会风情和文学艺术等诸多类型。涵盖国家A级旅游景区、国家重点风景名胜区、国家级自然保护区、世界遗产、历史文化名城、全国重点文物保护单位等诸多类型。

二、旅游资源的丰厚性

中国旅游资源不仅种类多样，而且每种资源的积淀丰厚，拥有各种规模、年代、形态、规制、品类的资源特征。有以颐和园、故宫、布达拉宫等为代表的古代建筑，以杭州良渚古城、大亚湾遗址等为代表的古城遗址，以秦始皇陵、西夏王陵等为代表的帝都王陵；有以法门寺、少林寺、大昭寺等为代表的禅林道观；有以上海豫园和苏州留园等为代表的园林艺术；有以那达慕大会、傣族泼水节等为代表的民俗风情；有以上海迪士尼、深圳世界之窗等为代表的现代人文景观。中国的自然山水风景、海湖河流、山川原野，多姿多彩，不可胜数，其资源之丰厚足以位于世界前列。

三、旅游资源的古老性

中国是古人类的发源地之一，也是世界文明的发祥地之一，流传至今的宝贵遗产构成了极为珍贵的旅游资源，其中许多资源以历史久远、文化古老、底蕴深厚而著称。中华人民共和国成立以来发现的旧石器时代遗址数不胜数，如云南开远小龙潭的古猿化石分属森林古猿和腊玛古猿，距今约1400万年；云南禄丰石灰坝发现的古猿化石，距今约800万年。在众多的古人类遗存中，以元谋人历史最早（距今约170万年），周口店龙骨山的古人类遗物最丰富，龙潭洞和县猿人化石的一具头盖骨最完整。中国旅游资源的古老性还表现在，远在数千年之前，中国的先人就发明建造了一系列工艺艺术、宏大建筑，在世界文明史上留下了辉煌的一章。仰韶文化、半坡遗址、安阳殷墟、咸阳秦城、京杭运河、万里长城、秦兵马俑坑等，无不以古称胜。

四、旅游资源的奇特性

中国拥有数不尽的特有旅游资源。在自然奇观方面，有独特的钱塘江大潮、吉林松花江边的雾凇、青藏高原上周期性的水热爆炸泉等；在人文奇观方面，秦始皇陵及兵马俑坑被誉为"世界第八大奇迹"，已建成的兵马俑博物馆每年吸引数百万游客。长沙马王堆汉墓的完整女尸和大量帛书、"丝绸之路"上的楼兰古城、敦煌莫高窟等墓葬和石窟的独特文化对国内外游客有着强烈的吸引力。

第二节　旅游资源开发历程

纵观中国旅游资源开发历程，大致可分为五个阶段：

第一阶段：20 世纪 80 年代初期—90 年代初期。这一阶段被称为原始资源利用期。1981 年，国家首个关于旅游业发展的专项战略性文件《国务院关于加强旅游工作的决定》出台，旅游业站在了国家对外开放的前沿。1985 年底，国务院常务会议将旅游业纳入我国国民经济和社会发展计划，确定了旅游业在国民经济中的产业地位。1993 年，国家旅游局发布《关于发展国内旅游业的意见》。政策利好和入境旅游取得的成就吸引了更多企业及个人参与到旅游相关项目的开发活动中，开发形式主要是依托资源打造旅游景区，并初步建设配套的旅游服务设施，随后开业并获取门票收益以维持运营。

第二阶段：20世纪90年代中期—21世纪初期。这一阶段被称为资源开发转轨期。随着双休日和"黄金周"制度的推行，旅游市场得到了前所未有的发展，合资企业和民营资本进入旅游市场。

第三阶段：2005—2014年。这一阶段被称为资源深度挖掘期。2005年，国家提出了"大力发展入境旅游、规范发展出境旅游、全面提升国内旅游"方针。2009年，《国务院关于加快发展旅游业的意见》中提出，"把旅游业培育成为国民经济的战略性支柱产业和人民群众更加满意的现代服务业"。旅游业在国家顶层设计中成为与经济结构转型和小康社会建设息息相关的产业，在政策利好和需求释放的双轮驱动下，现代旅游业已经成为投资热点。

第四阶段：2015—2018年。这一阶段被称为创新开发运营期。2015年8月，国务院办公厅印发《关于进一步促进旅游投资和消费的若干意见》，该文件首次正式详细地谈及优化调整休假安排、提升旅游基础设施、促进旅游新业态投资、推动"互联网＋旅游"建设等具体实施计划，标志着我国旅游业进入市场合理布局、产品创新升级、产业结构优化的科学化发展阶段。国家《"十三五"旅游业发展规划》中指出，旅游业的发展要突出理念创新、产品创新、业态创新、技术创新和市场主体创新。在这一顶层规划指导下，旅游开发运营将进入以供给侧结构性改革为战略，以满足消费者个性化、深度化、品质化体验需求为导向的"后资源开发"时期。

第五阶段：2018年至今。2018年，中国旅游业开始进入高质量发展时期。2017年，中国共产党第十九次全国代表大会首次提出"高质量发展"表述，表明中国经济由高速增长阶段转向高质量发展阶段。此后，旅游业高质量发展在理论和实践层面展开，旅游资源的开发进入高质量发展层面，产生了一系列可供借鉴的开发模式。

第三节　丰富的旅游资源

资源基础是旅游业高质量发展的先决条件，数量充足、种类繁多、空间布局合理、级别分布科学的旅游资源是旅游业高质量发展的基础。中国幅员辽阔，自然景观多样，人文底蕴深厚，分布着数量庞大的 A 级旅游资源。此外，全国乡村旅游重点村镇为发展乡村旅游助力，国家非物质文化遗产为文旅融合发展注入活力，世界文化遗产和世界地质公园等世界级旅游资源提升了中国旅游的国际竞争力。

根据世界经济论坛发布的《2017 年旅游业竞争力报告》，中国文旅资源丰富，其竞争优势位居全球首位，旅游竞争力的综合排名位居全球第 15 位。作为世界旅游大国和文化资源大国，中国尚非世界旅游强国，中华文化的世界影响力亦有很大的提升空间。对于拥有世界规模最大的国内旅游市场，并连续多年保持世界第一大出境旅游客源国和全球第四大入境旅游接待国地位的中国而言，需要在旅游发展的各个环节更广泛、更深入地注入文化内涵，以全面提升旅游国际竞争力。

一、国家 5A 级旅游景区

旅游景区是旅游业高质量发展的核心载体和关键先决要素，也是最根本、最直接的旅游资源供给。高级别景区的建设对提升区域旅游市场竞争力和旅游业创新发展具有极为重要的引领作用，尤其是 3A 及以上级别景区的发展和创建，已成为区域景观质量和旅游形象的品牌象征。2018 年，中国有 A 级旅游景区 11924 家；2019 年，中国 A 级旅游景区增至 12 402 家；2020 年，上升到 13 332 家（图 5-1），比上年增加 930 家。从 A 级景区的分布看，A 级旅游景区级别与数量呈金字塔分布格局，级别越高的景区数量越少（图5-2）。

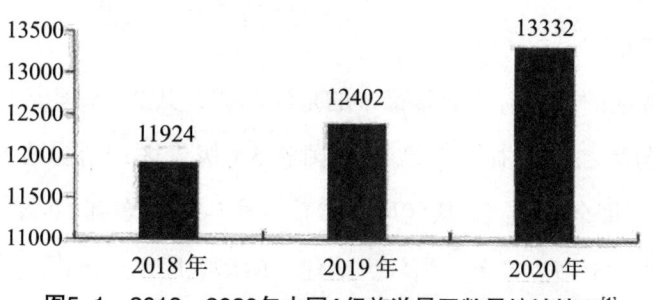

图5-1 2018—2020年中国A级旅游景区数量统计情况[1]

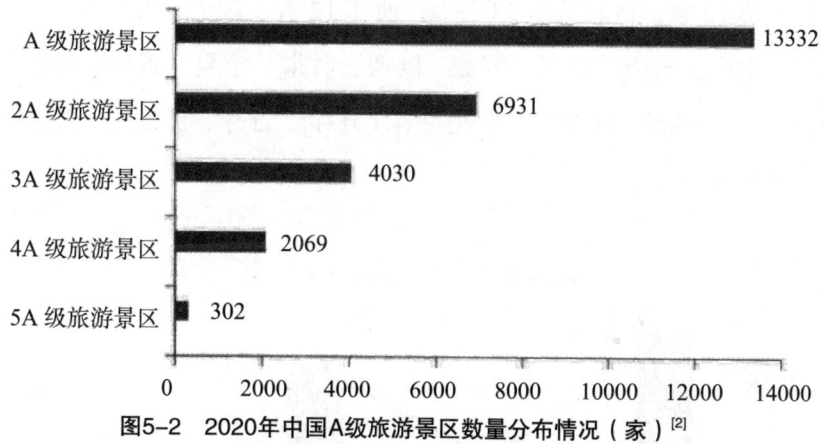

图5-2 2020年中国A级旅游景区数量分布情况（家）[2]

4A级和5A级旅游景区对区域旅游发展的贡献率超过了全部旅游景区的50%，代表了我国高等级的旅游发展水平，开展高级别旅游景区建设是区域旅游业可持续发展的重要推动力量（刘影，2019）。

自2007年国家5A级旅游景区开始评定以来，至2021年6月，国家层面先后组织38批次5A级旅游景区评定。截至2021年6月31日，中国的国家5A级旅游景区达到306家。根据张洪（2019）的研究成果，中国5A级旅游景区的空间分布类型为凝聚—随机型且存在地理邻近性

---

[1] 根据相关年份的《中国统计年鉴》整理而得。

[2] 根据相关年份的《中国统计年鉴》整理而得。

趋同的特点，十年间最邻近点指数经历了先持续下降后稳步回升的发展阶段，反映了中国 5A 级旅游景区逐步从小范围集聚转为大范围扩散的空间分布特征。

从各省区的分布看，数量最多的是江苏省，共 25 家国家 5A 级旅游景区；排名第二的是浙江，共 19 家国家 5A 级景区；新疆共 16 家国家5A 级景区，排全国第三。从区域分布看（图 5-3），东部 10 省市（北京、天津、河北、上海、江苏、浙江、福建、山东、广东、海南）总量最多，共 113 家，占总量的 36.93%；中部 6 省（山西、安徽、江西、河南、湖南、湖北）共 72 家，占总量的 23.53%；西部 12 省（区）（内蒙古、广西、四川、重庆、云南、贵州、西藏、陕西、甘肃、宁夏、青海、新疆）共102 家，占总量的 33.33%；东北三省（辽宁、吉林、黑龙江）共 19 家，占总量的 6.21%。

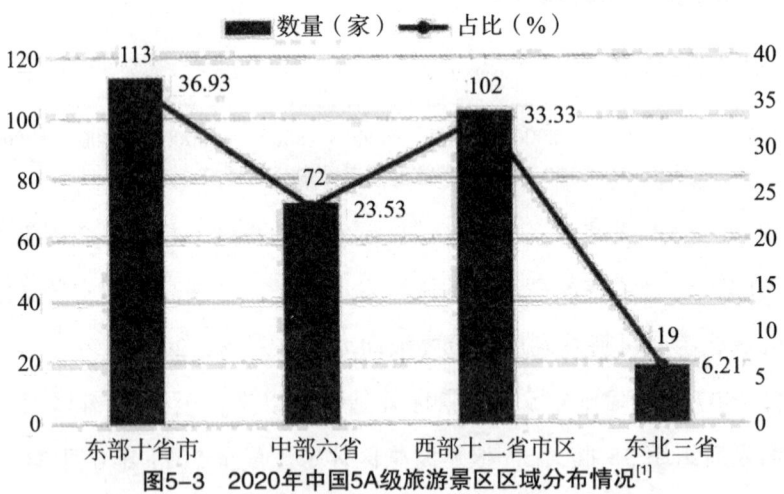

图5-3　2020年中国5A级旅游景区区域分布情况[1]

中国 5A 级旅游景区在空间上呈现集中分布的趋势，地区分布不均衡，人文类景区较自然类景区更为集中。考核指标、发展时序引发的循

---

[1]　根据中华人民共和国文化和旅游部网站信息整理而得。

环累积效应是导致 5A 级旅游景区空间集聚的根本原因。社会经济发展水平和旅游业发展水平对国家 5A 级旅游景区的空间分布有正向影响，国内旅游收入的影响更为显著。

二、全国乡村旅游重点村镇

全国乡村旅游重点村是乡村旅游领域具有影响力的品牌，受到业界和社会广泛关注，示范引领作用明显。中国自 2014 年开始规划乡村旅游重点村建设，力图通过典型示范引领乡村旅游高质量发展。

2019 年，按照《"十三五"旅游业发展规划》等国务院文件要求，文化和旅游部会同国家发展改革委开展了全国乡村旅游重点村名录建设工作，第一批评选出全国乡村旅游重点村 320 个。

2020 年，第二批评选出全国乡村旅游重点村 680 个，从数量分布上看，大致可分为四个梯队。第一梯队的乡村旅游重点村数量在 25 个及以上，其中湖北省最多，共 27 个；江苏、浙江、福建和贵州四省并列第二，均为 26 个；江西省 25 个，位居全国第三。第二梯队的数量在 21—24 个之间，包括河北、山东、新疆、北京、湖南、四川等省（市、自治区）。第三梯队的数量在 16—20 个之间，包括甘肃、青海、海南、重庆、山西等省市。第四梯队的数量为 15 个及以下，包括内蒙古自治区、上海市和天津市三地。

2021 年，根据中央一号文件《中共中央 国务院关于全面推进乡村振兴加快农业农村现代化的意见》和《中华人民共和国国民经济和社会发展第十四个五年规划和 2035 年远景目标纲要》关于全面推进乡村振兴和促进城乡融合的相关要求，为充分发挥乡镇连城带村的衔接功能和要素优势，把乡镇建设成为服务乡村旅游发展的区域中心，带动乡村旅游集群化、规模化、品牌化发展。同时，充分利用乡村旅游的辐射作用，带动城乡间人员、资本、信息、资源交流互通，助力打通城乡要素平等交换、双向流动的通道，促进县域内城乡融合发展。文化和旅游部与国家发展和改革委员会将全国乡村旅游重点村名录拓展为全国乡村旅游重点村镇名录。

截至 2021 年末，共评选出全国乡村旅游重点村 1199 个、全国乡村旅游重点镇 100 个。从三批的总量上看（表 5-1），浙江最多，共 51 个；41—50 个的分别有贵州、江苏、江西、福建、云南、河北、北京等省市，最少的为天津和上海，均为 26 个。从总体分布格局来看，整体呈现"南多北少，东密西疏"的分布特征。其中华东地区乡村旅游重点村镇数量较大，占比 24%，相对而言，东北地区与华南地区重点村镇数量较少（表5-2）。从空间集聚来看，1299 个乡村旅游重点村镇空间分布总体趋向于聚集且聚集度越来越高；从空间密度特征来看，两大高密度区域位于京津地区和江浙地区，以北京、天津、宁波、上海、南京五大省会城市为中心，密度值逐次向外递减。六大次高密度区域位于河北河南一带，重庆市、青海、甘肃交界处，贵州省、海南省、山东省依次向中部逐次递减，形成"工"字形的空间密度分布特征，西藏、新疆、青海、内蒙古、黑龙江形成低密度聚集区域。

这种非均衡密度分布特征对乡村旅游重点村镇建设的启发在于，乡村旅游重点村镇高密度地区应充分利用该优势，推进乡村旅游的协同发展，避免内卷化、同质化。低密度分布地区在培育村落特色、发挥好区域示范引领作用的同时，注重乡村旅游重点村与其他旅游资源的整合，实现资源互补与产业联动。

表5-1　中国乡村旅游重点村镇分布情况

省（市、区）	第一批	第二批	第三批	省（市、区）	第一批	第二批	第三批
北京	9	23	9	湖北	11	27	11
天津	7	11	8	湖南	11	23	10
河北	11	24	10	广东	10	22	10
山西	8	18	10	广西	11	22	10
内蒙古	9	15	9	海南	8	16	8
辽宁	9	21	8	重庆	9	20	9
吉林	8	19	9	四川	12	23	10
黑龙江	10	21	9	贵州	12	26	11
上海	6	11	9	云南	13	23	10
江苏	13	26	10	西藏	9	21	8
浙江	14	26	11	陕西	11	23	9
安徽	12	22	10	甘肃	12	20	9
福建	11	26	9	青海	8	20	8
江西	12	25	10	宁夏	9	20	8
山东	10	24	10	新疆	9	24	9
河南	10	21	10	新疆兵团	6	17	8

表5-2　全国1299个乡村旅游重点村镇数量汇总表 [1]

七大地区	第一批重点村/个	第二批重点村/个	第三批重点村/个	首批重点乡镇/个	总占比/%
华北地区	44	91	31	15	14
东北地区	27	61	17	9	9
华东地区	78	160	46	23	24
华中地区	32	71	21	10	10
华南地区	29	60	19	9	9
西南地区	55	113	32	16	17
西北地区	55	124	33	18	18

　　乡村旅游重点村镇的空间分布影响因素较多，自然环境是影响乡村旅游重点村镇空间分布的基础因素。其中，地形地势决定了乡村旅游重点村镇的整体分布格局，气候水文是影响乡村旅游重点村空间分布的生态资源，经济社会因素是决定乡村旅游重点村镇分布的主导因素，交通设施条件影响着乡村旅游重点村镇的演化发展格局，景区资源基础影响乡村旅游重点村镇的发展潜力，政策规划是乡村旅游重点村镇空间布局的顶层设计。受自然、经济社会、交通、资源、政策等因素影响，以自

---

[1]　整理自中华人民共和国文化和旅游部网站。

然生态类、产业主题类、景区名胜类、遗址遗存类、风土民俗类、农业
生产类六大类型为主导的乡村旅游重点村镇整体呈东多西少的集聚型空
间分布格局。以胡焕庸线为界，东西两侧空间分布差异鲜明。省际非均
衡的密度分层特征显著，构成空间分布的异质性因素。农业生产类乡村
旅游重点村在全国广泛分布；自然生态类和景区名胜类乡村旅游重点村
集中分布于中东部地区；产业主题类乡村旅游重点村分布密度呈南高北
低状；风土民俗类乡村旅游重点村沿边疆和民族地区集聚分布态势明显；
遗址遗存类乡村旅游重点村形成沿东部省份呈链状分布的格局。

三、国家非物质文化遗产

根据联合国教科文组织 2003 年 10 月 17 日通过的《保护非物质文
化遗产公约》第二条规定："非物质文化遗产"，指被各群体、团体，
有时是个人，视为其文化遗产组成部分的各种社会实践、观念表述、表
现形式、知识、技能以及相关的工具、实物、手工艺品和文化场所。具
体包括口头传统和表现形式，表演艺术，社会实践、仪式、节庆活动，
有关自然界和宇宙的知识和实践，传统手工艺五大类。2004 年，中国
加入联合国教科文组织《保护非物质文化遗产公约》(以下简称《公约》)，
作为履行《公约》缔约国义务的重要内容之一，中国积极推进联合国教
科文组织非物质文化遗产名录（名册）项目的相关工作。截至 2020 年
12 月，中国列入联合国教科文组织非物质文化遗产名录（名册）项目
共计 42 项，总数位居世界第一。其中，人类非物质文化遗产代表作 34 项，
亟须保护的非物质文化遗产名录 7 项，优秀实践名录 1 项。42 个项目
的入选，体现了中国非物质文化遗产的保护水平，宣传和弘扬了博大精
深的中国文化、中国精神和中国智慧，为旅游业高质量发展打下了坚实
的文化基础。

2005 年，国务院办公厅颁发了《关于加强我国非物质文化遗产保护工作的意见》。2015 年，国务院发布了《关于加强文化遗产保护的通知》，指出非物质文化遗产是指各种以非物质形态存在的与群众生活密不可分、世代相承的传统文化表现形式，包括口头传统、传统表演艺术、民俗活动和礼仪与节庆、有关自然界和宇宙的民间传统知识和实践、传统手工艺技能等以及与上述传统文化表现形式相关的文化空间。随着我国经济的发展，社会对非物质文化遗产保护的重视程度也在逐步加强。

国务院先后于 2006 年、2008 年、2011 年、2014 年和 2021 年公布了五批国家级项目名录（前三批名录名称为"国家级非物质文化遗产名录"。《中华人民共和国非物质文化遗产法》实施后，第四批名录名称改为《国家级非物质文化遗产代表性项目名录》），共计 1557 个国家级非物质文化遗产代表性项目（图 5-4）、3610 个子项，涵盖民间文学、传统音乐、传统舞蹈、传统戏剧曲艺、传统体育、游艺与杂技、传统美术、传统技艺、传统医药和民俗十大类。

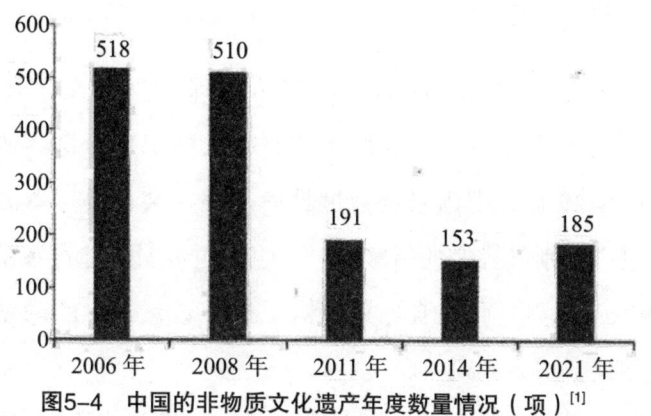

图5-4　中国的非物质文化遗产年度数量情况（项）[1]

中国历来重视非物质文化遗产保护，生产性保护是非物质文化遗产保护的主要方式之一。目前，这一保护方式主要是在传统技艺、传统美

---

[1]　整理自中国非物质文化遗产网和中国非物质文化遗产数字博物馆官网。

术和传统医药药物炮制类非物质文化遗产领域实施。国家文化部先后于2011 年和 2014 年公布了两批国家级非物质文化遗产生产性保护示范基地，分别涉及 41 个和 59 个企业或单位，两批基地合计 100 个。其中，传统技艺类基地 57 个，传统美术类基地 36 个，传统医药类基地 6 个，同时作为传统技艺类和传统美术类基地 1 个。从地区分布看，总量最多的是四川省，共 7 个。其中，传统技艺类基地最多的是河南省和江西省，各有 4 个；传统美术类基地最多的是四川省，有 4 个。

国家级文化生态保护区是以保护非物质文化遗产为核心，对历史文化积淀丰厚、存续状态良好、具有重要价值和鲜明特色的文化形态进行整体性保护，并经文化和旅游部同意设立的特定区域，是非物质文化遗产保护进程中保护理念和方式的重要探索与实践，也是中国在非物质文化遗产保护领域的一大创举。截至 2020 年 6 月，共设立国家级文化生态保护区 24 个。

四、世界遗产

中国于 1985 年 12 月 12 日正式加入《保护世界文化和自然遗产公约》。1986 年，中国开始向联合国教科文组织申报世界遗产项目。1999 年 10 月 29 日，中国当选为世界遗产委员会成员。中国是世界上拥有世界遗产类别最齐全的国家之一，也是世界自然遗产数量最多的国家（14 项）、世界文化与自然遗产双重遗产数量最多的国家之一（与澳大利亚并列，均为 4 项）。

中国的首都北京是世界上拥有遗产项目数最多的城市（7 项）。中国一共两次承办世界遗产委员会会议，分别是 2004 年在苏州举办的第28 届世界遗产委员会会议和 2021 年在福州举办的第 44 届世界遗产委员会会议。

到 2024 年，中国共有 59 个项目被联合国教科文组织列入《世界遗产名录》（见表 5-3），位居世界第一，其中世界文化遗产 40 处、世界自然遗产 15 处、世界文化与自然遗产 4 处。源远流长的历史使中国继承了十分宝贵的世界文化与自然遗产，它们是人类的共同瑰宝。

表5-3　中国的《世界遗产名录》

名录类别（数量）	名录名称
世界文化遗产（40处）	明清皇宫（北京故宫、沈阳故宫）；西安秦始皇陵及兵马俑；甘肃敦煌莫高窟；周口店北京人遗址；长城；武当山古建筑群；拉萨布达拉宫历史建筑群（含罗布林卡和大昭寺）；承德避暑山庄及其周围寺庙；曲阜孔庙、孔林和孔府；庐山国家公园；山西平遥古城；苏州古典园林；云南丽江古城；北京颐和园；北京天坛；重庆大足石刻；皖南古村落——西递、宏村；明清皇家陵寝；河南洛阳龙门石窟；四川青城山和都江堰；高句丽王城、王陵及贵族墓葬；澳门历史城区；安阳殷墟；开平碉楼与村落；福建土楼；五台山；河南登封"天地之中"历史建筑群；杭州西湖文化景观；元上都遗址；云南红河哈尼梯田文化景观；丝绸之路：长安—天山廊道的路网；大运河；土司遗址；云冈石窟；左江花山岩画文化景观；厦门鼓浪屿；良渚古城遗址；泉州：宋元中国的世界海洋商贸中心；普洱景迈山古茶林文化景观；北京中轴线——中国理想都城秩序的杰作
世界自然遗产（15处）	四川黄龙风景名胜区；四川九寨沟风景名胜区；湖南武陵源风景名胜区；云南三江并流保护区；四川大熊猫栖息地；中国南方喀斯特；江西三清山国家公园；中国丹霞；澄江化石遗址；新疆天山；湖北神农架；青海可可西里；贵州梵净山；黄（渤）海候鸟栖息地（第一期、第二期）；巴丹吉林沙漠—沙山湖泊群
世界文化与自然遗产（4处）	山东泰山；安徽黄山；四川峨眉山—乐山大佛；福建武夷山

五、世界地质公园

世界地质公园是以其地质科学意义、珍奇秀丽和独特的地质景观为主，融合自然景观与人文景观的自然公园。公园由联合国教科文组织选出。世界地质公园作为一种资源利用方式，在地质遗迹与生态环境保护、地方经济发展与解决群众就业、科学研究与知识普及、提升原有景区品位和基础设施改造、国际交流和提高全民素质等方面显现出综合效益，为生态文明建设和地方文化传承作出了贡献,是展示国家形象的名片、促进国际合作的引擎。

中国是世界上地质遗迹资源比较丰富、分布地域广阔、种类齐全的少数国家之一。但由于地质遗迹保护的法律法规相对滞后,有些地质遗迹景观已被人为破坏,有些破坏还相当严重。为了更有效地保护地质遗迹,1999 年 12 月,国土资源部在山东威海召开了"全国地质地貌景观保护工作会议",会上讨论了 2000—2010 年"全国地质遗迹保护规划",在规划中提出了建立国家地质公园的设想。

截至 2020 年 7 月,联合国教科文组织统计世界地质公园总数共有 161 个,分布在全球 41 个国家和地区。中国已有 41 处地质公园进入联合国教科文组织世界地质公园网络名录(表 5-4)。

表5-4 中国的世界地质公园名录

批次	年份	世界地质公园名录
第一批	2004年	黄山世界地质公园(安徽),庐山世界地质公园(江西),云台山世界地质公园(河南),石林世界地质公园(云南),丹霞山世界地质公园(广东),张家界世界地质公园(湖南),五大连池世界地质公园(黑龙江),嵩山世界地质公园(河南)
第二批	2005年	雁荡山世界地质公园(浙江),泰宁世界地质公园(福建),克什克腾世界地质公园(内蒙古),宜宾兴文石海世界地质公园(四川)
第三批	2006年	泰山世界地质公园(山东),王屋山—黛眉山世界地质公园(河南),雷琼世界地质公园(海南、广东),房山世界地质公园(北京、河北),镜泊湖世界地质公园(黑龙江),伏牛山世界地质公园(河南)
第四批	2007	龙虎山世界地质公园(江西)
	2008	自贡世界地质公园(四川)
第五批	2009年	秦岭终南山世界地质公园(陕西),阿拉善世界地质公园(内蒙古)
第六批	2010年	广西乐业—凤山世界地质公园(广西),宁德世界地质公园(福建)
第七批	2011年	天柱山世界地质公园(安徽),香港世界地质公园(香港)
第八批	2012年	三清山世界地质公园(江西)
第九批	2013年	延庆世界地质公园(北京),神农架世界地质公园(湖北)
第十批	2014年	昆仑山世界地质公园(青海),大理苍山世界地质公园(云南)
第十一批	2015年	敦煌世界地质公园(甘肃),织金洞世界地质公园(贵州)
第十二批	2017年	阿尔山世界地质公园(内蒙古),可可托海世界地质公园(新疆)
第十三批	2018年	光雾山—诺水河世界地质公园(四川),黄冈大别山世界地质公园(湖北)
第十四批	2019年	沂蒙山世界地质公园(山东),九华山世界地质公园(安徽)
第十五批	2020年	张掖世界地质公园(甘肃),湘西世界地质公园(湖南)

六、国家级旅游度假区

为贯彻落实《国民旅游休闲纲要（2013—2020 年）》《国务院关于促进旅游业改革发展的若干意见》和《国务院办公厅关于进一步促进旅游投资和消费的若干意见》，适应居民休闲度假旅游需求快速发展的需求，为人民群众积极营造有效的休闲度假空间，提供多样化、高质量的休闲度假旅游产品，2015 年上半年，国家旅游局正式下发了《关于开展国家级旅游度假区评定工作的通知》。2015 年 10 月 9 日，17 家度假区创建为首批国家级旅游度假区。截至 2020 年 12 月 29 日，文化和旅游部分 4 批共确定了 45 家国家级旅游度假区（表 5-5），分布在全国 23 个省（区），涵盖多种度假类型，其中河湖湿地类 16 家、山林类 8 家、温泉类 6 家、海洋类 5 家、冰雪类 3 家、主题文化类 5 家、古城古镇类 1 家、沙漠草原类 1 家。

从 1992 年至今，国家级旅游度假区的评定标准顺应时代发展趋势，不断发生变化。新的评定标准强调生态化，鼓励产品多元化，突出地域特色化和文化性，彰显人性化和品质化，建设目的的针对性更强，批建顺序也由先批后建改为先建后评，开发模式注重软开发，市场定位立足国内、放眼国际，建设重点更加注重"供给侧"的旅游项目开发。这些变化对旅游市场化程度较高的中东部地区影响较小，但对市场化程度较低的西部地区挑战较大，这也是西部地区国家级旅游度假区分布较少的主要原因。从地区分布看，东部地区的浙江、江苏分布数量较多，西部地区的甘肃、青海和宁夏等地受可进入性和环境保护等因素影响，目前还没有建成国家级旅游度假区。

表5-5　中国的国家级旅游度假区

批次	省份	国家级旅游度假区名称
第一批 （2015年）	吉林省	长白山旅游度假区
	江苏省	南京汤山温泉度假旅游区、天目湖旅游度假区、阳澄湖半岛旅游度假区
	浙江省	东钱湖旅游度假区、湘湖旅游度假区、湖州太湖旅游度假区
	山东省	凤凰岛旅游度假区、海阳旅游度假区
	河南省	尧山温泉旅游度假区
	湖北省	武当太极湖旅游度假区
	湖南省	灰汤温泉旅游度假区
	广东省	东部华侨城旅游度假区
	重庆市	仙女山旅游度假区
	云南省	阳宗海旅游度假区、西双版纳旅游度假区
	四川省	邛海旅游度假区
第二批 （2018年）	海南省	亚龙湾旅游度假区
	浙江省	湖州市安吉灵峰旅游度假区
	山东省	烟台市蓬莱旅游度假区
	江苏省	无锡市宜兴阳羡生态旅游度假区
	福建省	福州市鼓岭旅游度假区
	江西省	宜春市明月山温汤旅游度假区
	安徽省	合肥市巢湖半汤温泉养生度假区
	贵州省	赤水市赤水河谷旅游度假区
	西藏自治区	林芝市鲁朗小镇旅游度假区
第三批 （2019年）	广东省	河源巴伐利亚庄园
	广西壮族自治区	桂林阳朔遇龙河旅游度假区
	四川省	成都天府青城康养休闲旅游度假区
	云南省	玉溪抚仙湖旅游度假区
第四批 （2020年）	河北省	崇礼冰雪旅游度假区
	黑龙江省	亚布力滑雪旅游度假区
	上海市	上海佘山国家旅游度假区
	江苏省	常州太湖湾旅游度假区
	浙江省	德清莫干山国际旅游度假区、淳安千岛湖旅游度假区
	江西省	上饶市三清山金沙旅游度假区
	山东省	日照山海天旅游度假区
	湖南省	常德柳叶湖旅游度假区
	重庆市	重庆丰都南天湖旅游度假区
	四川省	峨眉山市峨秀湖旅游度假区
	云南省	大理古城旅游度假区
	陕西省	宝鸡市太白山温泉旅游度假区
	贵州省	六盘水市野玉海山地旅游度假区
	新疆维吾尔自治区	那拉提旅游度假区

七、中国的红色旅游资源

红色旅游是一种主题性旅游形式，是以中国共产党领导人民在革命和战争时期建树丰功伟绩所形成的纪念地、标志物为载体，以其所承载的革命历史、革命事迹和革命精神为内涵，组织接待旅游者开展缅怀学习、参观游览的主题性旅游活动。

红色旅游资源的特点根据资源自身特征及对主体的影响进行划分，大多包括政治性、教育性等。郭代习（2009）认为红色旅游资源具有趣味性、实践性等特点。骆炳泰（2016）认为红色旅游资源具有文化性、革命性和政治性等基本特点。陈茂礼（2017）认为红色旅游资源的特殊性在于教育性和审美性、不可移动性和不可再生性，同自然资源、人文资源的共融性、可利用性和升值性等方面。

对旅游资源的分类标准并不完全适合于红色旅游资源的分类，所以学者在研究过程中根据自己的研究进行再分类，其研究范围不断扩大、不断细化，主要分为物质资源和精神资源。方世敏（2013）主要对红色旅游资源进行物质方面的界定，包括伟人故里、综合性纪念馆及烈士陵园等。武虹（2015）将红色旅游资源类型扩大，分为旧址遗址类、纪念场所类、报刊与人文活动类，将小说报刊、电影、歌曲都纳入红色旅游资源的范围内。徐仁立（2010）认为红色旅游资源存在国家标准分类法、空间分类法、目的分类法、属性分类法等多种形式的分类方法。

在国家高度重视和政策扶持下，红色旅游景区建设与管理工作取得历史性突破，红色旅游景区体系日臻完善。截至 2021 年，已基本建立起以"全国红色旅游经典景区"为核心，具有中国特色的红色景区管理体系。据统计，在国家最新颁布的《全国红色旅游经典景区名录》中，共包含 300 处经典景区和 18 个重点红色旅游城市（表 5-6），涵盖伟人故里、革命遗址遗迹、烈士墓／陵园、革命纪念场馆、红色非物质文化遗产等多种类型，构建起了较为完善的红色旅游景区管理系统。

表5-6　全国18个红色旅游重点城市

序号	名称	序号	名称	序号	名称
1	临沂市	7	黄冈市	13	瑞金市
2	六安市	8	湘潭市	14	广安市
3	武汉市	9	井冈山市	15	常熟市
4	长沙市	10	百色市	16	信阳市
5	龙岩市	11	石家庄市	17	遵义市
6	嘉兴市	12	安阳市	18	延安市

在发展格局上，全国红色旅游已经形成了12个"重点红色旅游景区"（表5-7）、30条"红色旅游精品线路"和300个"红色旅游经典景区"的全国红色旅游发展大格局，初步实现了全国红色旅游资源的融合发展和协同管理。在发展内容上，红色旅游的内容也得到进一步拓展，在革命战争时期，形成了井冈山、长征、延安和西柏坡精神；在社会主义建设创业时期，形成了雷锋精神、铁人精神和焦裕禄精神；在改革开放时期，形成了九八抗洪、抗震救灾精神等，这些都已成为红色旅游的重要内容。在表现形式上，红色旅游的表现形式更加丰富多彩，广泛运用现代科技手段，运用现代文学、歌舞、影视和实景剧等，提高了展览效果和感染力。

表5-7　全国12个重点红色旅游区

序号	名称	序号	名称	序号	名称
1	沪浙红色旅游区	5	黔西黔北红色旅游区	9	东北红色旅游区
2	湘赣闽红色旅游区	6	雪山草地红色旅游区	10	鲁苏皖红色旅游区
3	左右江红色旅游区	7	陕甘宁红色旅游区	11	大别山红色旅游区
4	太行山红色旅游区	8	川陕渝红色旅游区	12	京津冀红色旅游区

八、中国的康养旅游资源

近年来，国家对康养旅游的重视程度不断提高。2016年，国家旅游局发布《国家康养旅游示范基地标准》，提出康养旅游示范基地应包括康养旅游核心区和康养旅游依托区两个区域，康养旅游核心区应具备独特的康养旅游资源优势，而康养旅游依托区能为核心区提供产业联动平台，并在公共休闲、信息咨询、旅游安全、休闲教育等公共服务体系上给予有力保障。

2018 年国务院政府工作报告重点强调要积极应对人口老龄化，发展居家、社区和互助式养老，推进医养结合，提高养老院服务质量。这些政策把康养推向一个新的高度，为康养产业的发展提供了有力的支持，为康养小镇的开发建设指明了方向。新时期、新常态下，建设和发展融健康、养老、休闲、旅游等多种业态为一体的康养特色小镇，成为推动经济社会转型、加快城镇化进程和实现乡村振兴的重要抓手。

特色小镇是康养旅游发展的基本依托。2016 年 10 月 13 日，第一批中国特色小镇名单公布，涉及 32 省份共计 127 个；2017 年，第二批全国特色小镇名单公布，共计 276 个。培育特色小镇，主要是打造特色鲜明的产业形态、和谐宜居的美丽环境，彰显特色的传统文化，提供便捷完善的设施服务，建设充满活力的体制机制。

康养旅游不是简单的"康养 + 旅游"模式，是在一定的物候基础上开展的能够使人身体健康、身心愉悦、精神放松，同时又能达到休闲度假目的的旅游活动。康养旅游资源是开展康养旅游活动的物质基础。康养旅游资源是指具有养生功能或者休闲度假功能，对于旅游者具有吸引力，能够带来经济效益、环境效益、社会效益，并且能够作为开展旅游活动载体的自然存在或者文化遗存，前者包括空气、森林、草地、土质、中草药、水域等，后者包括养生文化、饮食文化以及民族医药、疗养基地等。康养旅游产品是基于康养旅游资源开发的具有一定主题和特征的康养旅游区（表5-8），大致包括康养旅游度假区、康养旅游产业园、康养旅游小镇、康养旅游城等类型。

表5-8　康养旅游产品及其特征

名称	特征
康养旅游度假区	康养主题明确，有一定的创新或独特条件；具有一流的医疗旅游配套与服务；有特色的度假地产；短期性、周期性度假属性更强
康养旅游产业园	康养产业集聚发展，上下游产业链形成闭环；聚焦单一特定康养需求，通常伴有衍生性需求；具有发展观光旅游（线路）的条件；中短期度假属性
康养旅游小镇	特色康养优势显著并围绕形成产业集聚；伴有与医疗结合的元素；自然/人文旅游资源较好，形成旅游路线；中长期度假属性
康养旅游城	由政府牵头开展，企业后续跟进；有一定规模与能级，规模适合一、二线大城市；产学研融合、产城结合、区域发展等；适合长期居住

根据其依托的资源本底不同，康养旅游大致有资源驱动型、文化驱动型、服务驱动型三种开发模式（图5-5）。

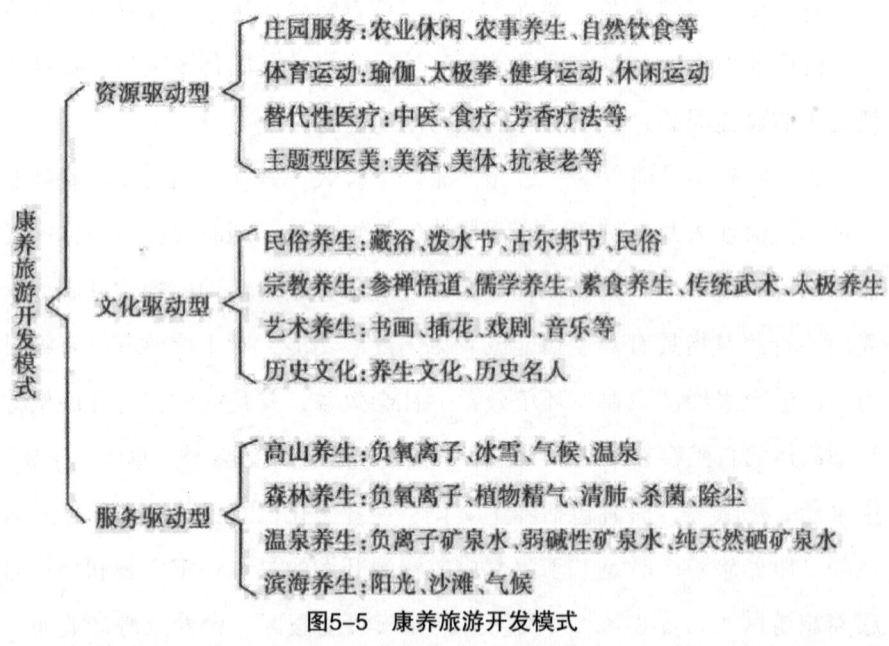

图5-5　康养旅游开发模式

在国际上，康养旅游一般被称为医疗健康旅游，是在物质条件已经满足的条件下衍生出来的精神层面的深度体验，乃至享受。与休闲相比，康养旅游已经不是生活质量提高问题，而是生命质量提升问题。从游客需求的角度来说，随着我国老龄人口的增长和人均收入的提升，养老和健康的需求也随之变大。

　　从项目地供给的角度来看，发展康养产业，将健康与其他产业相融合，打造"康养+农业""康养+工业""康养+医疗""康养+旅游""康养+运动"等综合性康养项目，是带动地方经济发展、促进特色小镇和美丽乡村建设的全新捷径。康养旅游以后或将面临以下六大发展趋势：第一，以健康中国为核心，跨产业、泛行业政策深度融合助力康养旅游发展；第二，不同年龄群体对健康的理解及对康养需求的变化助推康养旅游产品迭代；第三，自然、人文及康养元素植入，推动康养旅游产品元素的年轻化及多元化；第四，产品组合渐进发展，多主体联合、多元化供应渐成趋势；第五，金融支持保障康养旅游可持续发展；第六，缺失的元素逐渐完善，康养旅游发展逐步规范化。

第六章 旅游业高质量发展的产业基础

第一节 旅游产业规模持续增长

1981 年，国务院召开第一次全国旅游工作会议，我国第一个关于旅游业发展的战略性文件《国务院关于加强旅游工作的决定》正式发布，明确提出"从我国国情出发，走中国式的旅游道路"发展思想，从发展战略上回应了未来一段时期中国旅游"为什么干""干什么""怎么干"的问题。近年来，随着社会经济发展和人民生活水平的提高，加上国家调整的休假制度和休闲度假的普及，旅游需求呈快速增长态势，国内旅游市场日渐成熟，出境旅游市场异军突起，旅游投入持续增加，旅游企业数量稳步增加，旅游经济效益显著提高，固定资产规模不断扩大，旅游业正向着多样化、个性化、高质量方向快速发展。

一、旅游投入持续增加

（一）积极利用外资发展旅游产业

中国旅游业的迅速发展主要得益于成功的投资政策，特别是卓有成效地引进和利用外资，可以说，中国旅游业不仅是国民经济各产业中发展最快的产业之一，也是利用外资最为成功的产业之一。20 世纪 70 年代末到 80 年代初，海外客商开始向中国旅游业投入大量资金，各地自主利用外资，大规模建设旅游接待设施，全国各热点旅游城市和经济发达地区建立了一大批旅游宾馆饭店，极大地缓解了当时接待设施紧张的问题，提高了中国旅游饭店的经营服务水平。从 20 世纪 80 年代末开始，国家开始加强对旅游业外商投资项目的宏观管理，在国家宏观政策引导下，旅游饭店建设的地区分布和档次结构得到优化，中国旅游业利用外资的工作趋于有序和良性。

（二）社会资本是中国旅游业发展的主要推动力

随着旅游业的快速发展，旅游产业的示范效应开始显现，社会资本看到了商机，开始向旅游相关产业转移，国内旅游市场成为社会资本投资的热点。从投向上看，社会资本首先关注的是住宿设施项目，随着各地旅游接待能力的改善，社会资本开始流向旅游景区建设项目，尤其是人造景观项目，形成了一波人造景观消费新热点，且取得了良好的经济效益，开启了中国旅游产品开发建设的先河。20 世纪 90 年代，伴随着中国经济的快速发展，国内旅游也从单一的观光旅游向度假、会议、商务等方向拓展，中国的国内旅游与国际旅游形成一致的消费趋势，旅游的消费层次和消费方式发生了变化，旅游多元需求时代到来，度假旅游产品、专项旅游产品、大型主题娱乐产品成为投资热点，社会资本成为此类产品开发的中坚力量。旅游业战略地位的提升吸引了大量社会资本，民营企业快速转向投入旅游业，不仅为资本开拓了新的投资渠道，进一步丰富了旅游产品，增加了旅游消费多样化选择。

（三）政府投资引导旅游业发展方向

在充分利用外资和社会资本的基础上，我国政府对旅游业的扶持也不遗余力。随着旅游产业持续扩张，政府对文化和旅游的支出逐年增长，占财政支出比例逐年增加。据文化和旅游部的数据显示，2020 年，全国文化和旅游事业费 1088.26 亿元，较 2011 年增长 695.64 亿元；文旅和事业费占国家财政支出比重达 0.443%，较 2011 年增长 0.084 个百分点（图 6-1）。人均文旅事业费也从 2011 年的 29.14 元增加到 2020 年的 77.08 元，十年间增长了 47.94 元（图 6-2）。

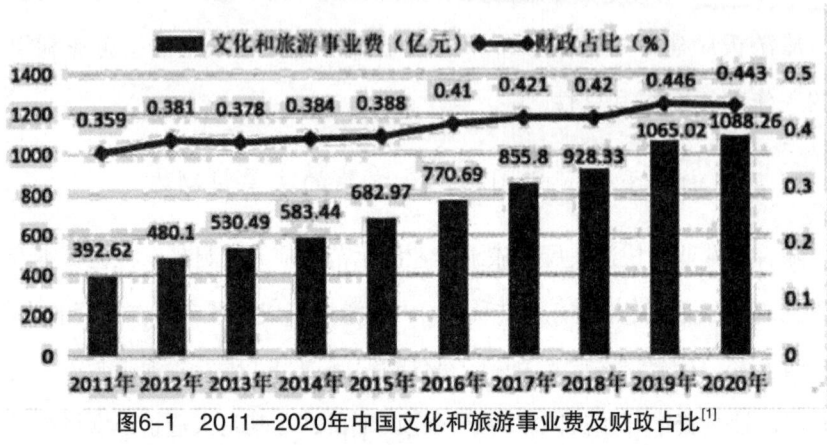

图6-1　2011—2020年中国文化和旅游事业费及财政占比[1]

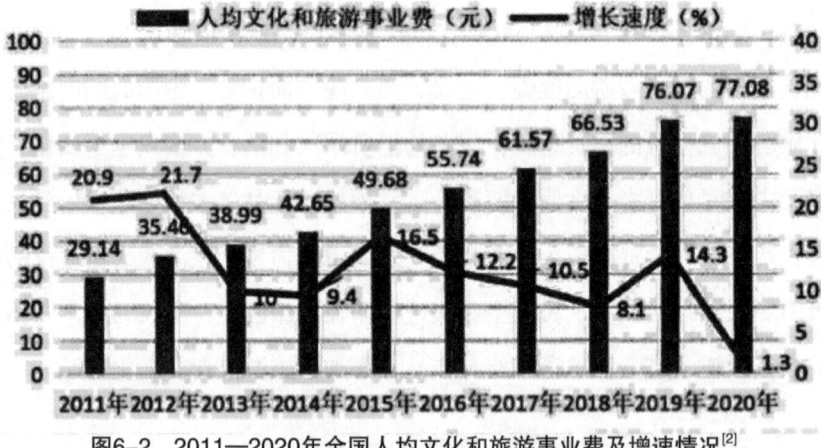

图6-2　2011—2020年全国人均文化和旅游事业费及增速情况[2]

2020 年，全国文化和旅游事业费中，县以上文化和旅游事业费 500.98 亿元，占 46.0%，比重比上年下降 2.5 个百分点；县及县以下文

---

[1]　根据历年《中国统计年鉴》汇总而成。

[2]　根据历年《中国统计年鉴》汇总而成。

化和旅游事业费 587.28 亿元，占 54.0%，比重提高了 2.5 个百分点。从地区分布看，东部地区文化和旅游事业费 491.62 亿元，占 45.1%，比重提高了 0.2 个百分点；中部地区文化和旅游事业费 269.78 亿元，占 24.8%，比重降低了 0.1 个百分点。西部地区文化和旅游事业费 301.64 亿元，占 27.7%，比重提高了 1.6 个百分点。[1]

2020 年，文化和旅游部全年落实文化和旅游部部门预算 59.51 亿元，落实中央补助地方转移支付资金 54.92 亿元。目前，全国旅游业形成了以民营资本为主、政府投资和国有企业投资为辅的多元主体投资格局。据全国旅游投资项目库的数据显示，继 2015 年突破万亿元大关后，2016 年全国旅游直接投资金额达到 12997 亿元，同比增长 29%。其中，民营企业投资占一半以上，共投资 7628 亿元，占全部旅游投资的 58.7%。[2] 据不完全统计，2020 年文旅行业整体投融资总金额 16 162.24 亿元，较 2019 年下降 9.6%。[3] 文旅行业投融资出现小幅下滑，目的地资源端投资依旧占据主体地位，文旅特色小镇和文旅综合体项目占据投资主体。

二、旅游企业数量稳步增加

（一）旅行社业务发展情况

1. 发展历程

中国第一家旅行社成立于 20 世纪 20 年代，但中国旅行社产业化进

---

[1] 中华人民共和国文化和旅游部：《中华人民共和国文化和旅游部 2020 年文化和旅游发展统计公报》，2021 年 7 月 5 日。

[2] 郑彬：《国家旅游局预计今年旅游直接投资将超过 1.5 万亿元：旅游业投资呈现新图景》，《经济日报》，2017 年 5 月 25 日。

[3] 中国经济网：2020 文旅行业整体投融资总金额逾 1.6 万亿元 传统景区投资门槛不断提高 [EB/OL]，2021 年 07 月 12 日。

程始于 1978 年。1979 年前的旅行社属于友好接待性质，旅行社行业带有较严重的行政垄断秩序。20 世纪 80 年代初，当时只有国旅、中旅、青旅三大旅行社拥有旅游外联权，这三家旅行社接待的来华旅游者占全国有组织接待人数的 80% 以上。随着改革的深化和市场化发展，20 世纪 90 年代初，国旅、中旅、青旅三大旅行社的营收占整个行业的比例大概在 40%。后来，随着旅行社经营权的放宽，民营旅行社异军突起，抢占市场，到了 2000 年初，这一比例降到 10% 左右。

随着中国入境旅游业的快速发展，中国旅行社业的发展从事业导向型向产业导向型转变，其经济属性得到强化，政治垄断秩序不断弱化，但是市场相关的秩序并没有随之健全。此后，我国旅行社业经历了由垄断向竞争发展、从卖方市场向买方市场、从无序竞争向有序发展的转变，行业规模不断壮大。

1985 年，国务院颁布了《旅行社管理暂行条例》，将旅行社划分为一、二、三类，规定了开办各类旅行社的条件。党的十四届三中全会提出了建立现代企业制度的改革方向，旅行社借机进行产权制度改革的各种尝试，产权更加明晰，权责更加分明。1999 年，政府机构与实体企业脱钩的改革极大地推动了旅行社组织的企业化进程。

旅行社在旅游产业链中位于中游，是上游旅游资源和下游用户之间的连结纽带。在线旅行社以及互联网没有兴起和普及之前，游客自己预订旅游资源很不方便，并且也拿不到较好的价格，因此旅行社主要通过压低旅游资源价格，通过资源整合形成产品，而后销售给用户，赚取利润。但随着信息的透明化，旅行社对上游的议价能力减弱，并且随着自驾游和品质游市场需求的扩大，游客对旅行社的出游依赖程度也不断弱化。

2. 数量稳步增加

2001 年，我国旅行社数量破万，达 10 532 家，此后逐年增长，到 2020 年，已经达到 31 074 家。2020 年，各旅行社组织国内游客

5772.71 万人次，其中组织游客人次排名前十位的地区由高到低依次为浙江、广东、江苏、湖南、重庆、湖北、福建、上海、四川和陕西，其中排在首位的浙江，组织旅游人次为 830.32 万人次。

3. 地域分布不均衡

从地域上看，广东省旅行社数量最多。旅行社数量排名前十位的地区依次为广东、北京、江苏、浙江、山东、上海、辽宁、河北、安徽、湖北，上述地区旅行社数量占全国旅行社总量的一半以上。

4. 产业规模持续扩大

从产业规模看，1991 年，中国旅行社业只有固定资产 12.57 亿元，从业人员 5.52 万人，营业收入 44.94 亿元，利润 4.51 亿元。到 2000年，固定资产已经达到 365.92 亿元，从业人员达 16.43 万人，营业收入 469.95 亿元，利润 10.44 亿元。

5. 面临的困境

第一，创新不足，可持续发展困难。根据《2018—2022 年中国旅行社行业市场调查研究报告》显示，我国旅行社行业中，中小型旅行社众多，大部分旅行社缺乏创新能力，提供的产品服务缺乏特色，一味模仿大型旅行社推出的旅游产品及旅游线路，同质化现象严重，行业竞争激烈，价格战成为主要竞争手段，使得行业整体服务品质下降，游客信任度大幅降低，旅行社市场发展进入瓶颈期。

第二，面临互联网冲击，转型困难。随着时代的变化，现在购买旅游产品的渠道多元、便捷，但传统旅行社的销售模式没有太大变化，这就导致了很多体量较小的旅行社在线上平台兴起后大量消失，但在随后的竞争中，规模更大、更成熟的旅行社的生存空间也在压缩。目前，传统旅行社已经到了不得不转型的地步，大多数旅行社却没有转型成功，面临的市场竞争却更加激烈。随着携程、去哪儿、飞猪等线上平台的兴起，传统旅行社无法复制资本支撑的高性价比模式，无力开发线上产品。

同时，传统旅行社还面临着大部分利润被电商抽成和管理费被瓜分，盈利空间越来越窄。

6. 优化方向

第一，加快创新步伐。全域旅游时代来临，旅游业的变革已进入快车道，"创新"一词高频出现在各个行业。旅行社未来要有好的发展，必须进行转型，一方面拓展新的业务，以迎合市场的新需求；另一方面通过联合上下游企业，形成规模经济，降低生产成本。线上线下相联合是行业的发展趋势，传统旅行社要逐步形成更具影响力的网络销售模式。

第二，线上线下融合推动新模式，进行多元业务拓展。积极拓展包机、包宾馆、包景区新模式，拓展出境夏令营、研学、游学等业务。不过，这些转型模式并不一定奏效，行业仍处于探索期。立足于本地，传统旅行社在景区、酒店、航线等方面更具优势，可以继续深耕市场。在传统的旅游业务之外，适当布局旅游地产、资本运作、景区管理等，可以通过业务互补、客户转化等，实现整体发展。同时开拓更多境外旅游目的地和热气球、飞行员、潜水等特色服务，也可积极探索教育、移民留学、劳务输出等方向。

（二）星级酒店发展情况

1. 发展历程

为了提升旅游地形象，方便游客对旅游酒店进行选择，由旅游酒店星级评定机构对酒店设施的等级进行划分和评定，并采用"星"的数量表示旅游酒店的等级。根据《中华人民共和国星级酒店评定标准》，将酒店分为五个级别，即一星级、二星级、三星级、四星级、五星级（含白金五星级），星级越高，表示酒店等级越高。目前，中国根据酒店的规模水平、设施设备、服务水平、管理水平等方面所符合的等级标准确定酒店星级。

2. 发展规模

星级酒店是我国旅游住宿业的重要支撑。我国星级酒店行业发展大致可分为两个阶段：2009 年之前，我国的星级酒店行业发展迅速，酒店数量逐年上涨，2009 年达 14 237 家，创历史最高峰；2009 年之后，随着酒店行业面临经营成本上升、市场竞争激烈等严峻的市场形势，一部分星级酒店被淘汰。2012 年以来，受旅游业波动和间歇性突发事件影响，星级饭店的发展呈现波浪式变化，2013 年增幅较大，较上年增加 486 家，2014 年开始呈逐年下降趋势，到 2019 年又有小幅回升，2020 年继续下降，仅剩 8425 家。

每个季度，全国星级酒店统计管理系统中星级酒店的统计数据都要经过省级文化和旅游行政部门的审核。2020 年，共有 8423 家星级酒店通过了省级文化和旅游行政部门的审核；2021 年第二季度，共有 6894 家星级酒店的统计数据通过省级文化和旅游行政部门审核。

2020 年在通过审核的星级酒店中，属于国有企业的有 1951 家，占通过审核的星级酒店数量的 23.16%；而属于港澳台、集体和外资的星级酒店数量差距不大，分别为 196 家、190 家和 181 家，占比分别为 2.33%、2.26% 和 2.15%。

3. 效益分析

从星级酒店的经营情况看，2021 年第二季度，全国通过审核的星级酒店数量为 7676 家，营业收入 1379.43 亿元。其中，餐饮收入的比重为 41.13%，客房收入的比重为 40.69%。从星级酒店的经营情况看，全国星级酒店平均房价为 334.95 元 / 间夜，其中，一星级酒店房价最低 88.18 元 / 间夜，五星级酒店房价最高为 551.04 元 / 间夜。从出租率来看，虽然一星级饭店房价最低，但是出租率仍然最低；而五星级酒店虽然房价高，但是出租率也是最高的。这证明我国经济发展快速，人均可支配收入增速快，人民生活处于较高水平。

4.区域分布

从区域分布看，在中国经济高速发展、社会繁荣稳定的大背景下，星级酒店为了追求集聚所带来的外部经济效益以及资源、信息和客源共享效益，会出现明显的集聚倾向。星级酒店集聚度呈现出"东部高于西部，西部高于中部"的空间格局。一方面，东部地区快速发展的经济实力以及高度开放的发展环境为星级酒店的发展提供了巨大动力，大批国际酒店管理集团进入中国市场并快速扩张，而东部地区外资酒店数量历年来居三大区域之首，伴随着外资酒店的大量涌入，星级酒店不断集聚；另外一方面，东部地区巨大的旅游市场和充足的高端客源进一步激发了星级酒店的活力，使得星级酒店集聚水平处于领先地位。西部地区旅游资源丰富，近年来旅游业发展迅猛，为发展星级酒店提供了资源基础。

从省域分布看，我国星级酒店主要集中在北京、上海、广东等政治文化中心、经济发达地区、旅游资源丰富地区，以及大、中城市群，内陆地区和中小城市受服务业发展水平制约，分布较少，星级酒店发育水平不高。

从五星级酒店的分布看，呈现出分布省际差异大、分布高度集中的局面，其中广东、浙江、江苏、上海、北京等省市的五星级酒店最为集中，几乎占到全国五星级酒店总数的一半。截至2021年末，全国有五星级酒店825家，其中北京市数量最多，有62家。虽然五星级酒店数量相对较少，但营业收入最高，这主要是由于五星级酒店的价位相对较高。

5.面临的困境

第一，品牌五星级酒店的盈利能力不强。由于人力成本和能耗成本的急剧上升、平均房价远低于同级别的国际品牌酒店、营收结构中餐饮比重过高等因素影响，导致品牌五星级酒店的盈利能力不强。不仅是酒店行业整体的盈利能力不足，而且还呈现出星级越高盈利能力越弱的怪圈，处于星级酒店金字塔顶端的五星级酒店的境遇可想而知。再加上国内品牌跟国际品牌五星级酒店在平均房价、营收结构上的差异，国内品牌五星级酒店的经营更是深处泥潭。

第二，部分区域五星级酒店密度过高。中国五星级酒店的高速发展使得中国酒店业表面上呈现出一种欣欣向荣的态势，但是在部分区域，由于无序发展而导致五星级酒店密度过高，在供大于求的情况下出现了恶性竞争的局面。而五星级酒店密集扎堆的现象基本上发生在经济发达的商圈，如长三角、珠三角和环渤海经济圈。

第三，中高端酒店人才的培养严重滞后。五星级酒店的快速发展使得中高端酒店人才的需求快速增长，但是由于中国酒店教育体制与行业发展严重脱节，再加上酒店行业对实践工作经历的要求，导致许多旅游管理或者饭店管理专业的毕业生毕业后没有从事酒店行业，使得酒店中高端人才的培养严重滞后，也导致了酒店中高端人才的低龄化现象越来越严重，进一步影响到了酒店整体的管理品质。虽然各个酒店集团都建立了人才培养机制，但是人才的培养速度还是跟不上集团的发展速度，只能扩大外部招聘的份额。

第四，中国酒店利润外流现象严重。中国的五星级酒店在经营中经常会提到"利润黑洞"，使得这个资金密集型行业已经进入到微利甚至亏损的时代。中国酒店业每年外流给跨国酒店管理集团的管理费高达数百亿元，如何促使国内品牌酒店集团的快速发展已经成为中国酒店业的当务之急。

6. 优化方向

第一，依托星级酒店高效率发展，实现星级酒店更高层次集聚态势。中国星级酒店集聚与效率是相互促进、互相依存的关系。一方面，基于星级酒店集聚提升星级酒店效率。各级文旅部门以及酒店协会要做好中国星级酒店的科学规划，确定星级酒店聚集发展的方向、规模、措施等问题，充分发挥星级酒店集聚在信息、知识、人才、资本和市场等方面的优势，从获取成本竞争优势和差异化竞争优势方面促进酒店效率的提升。另一方面，通过星级酒店高效率、高质量的发展来促进星级酒店更高层次的集聚。区域内星级酒店只有通过优化资源配置、实行差异化经营，提高集聚内星级酒店的整体经营效率，实现优势产业集中发展，才能提高区域星级酒店更高层次集聚态势。

第二，主动谋求行业内的集团化发展，加强跨区域企业间的交流合作。集团化发展可以推动资本、技术和劳动等生产要素的跨区域流动和配置，从而降低酒店成本并获得正向外部效应，而且有助于企业之间资源、信息和客源共享，形成区域品牌，提升区域综合竞争力。具体可通过以下方式实现酒店集团化发展优势：一是要大力推行酒店联盟战略，积极发挥集团经营优势。政府和饭店行业应鼓励和支持酒店集团输出管理知识和技术，并购实力较弱的单体饭店，引导独立经营的单体酒店联合行动，结成战略联盟。二是在集团内实行差异化经营，通过细分客源市场、精准定位客源来打造不同层次的酒店品牌，提供针对性的产品和服务。三是加强酒店集团之间的沟通交流，促进双方相互学习，通过开展行业培训会、挂职学习，促进集团间信息交流、知识共享，从而不断提高集团化管理和营销的专业水平。

第三，创新运营管理，形成以创新驱动为主的酒店发展方式。今后中国星级酒店技术效率提升的关键在于纯技术效率的提高，而纯技术效率提升的动力来源于创新。星级酒店已经进入知识、技术与资本共同主导的创新时代，因而要做好理念创新、营销创新，同时产品和服务的创新也至关重要。一是创新管理理念，树立以人为本的理念，根据消费主体的更替和顾客需求的转变，提供差异化、个性化、特色化的产品和服务。二是创新营销方式，在"互联网+"背景下，创建"互联网+酒店营销"模式和平台。星级酒店既要发挥网站营销、团购渠道等传统营销优势，也要采用微博发文、微信推送、平台直播等新途径，打造企业全新的形象宣传平台。三是创新产品和服务，酒店产品创新要围绕顾客的喜好与需求开展，可以完善现有的产品和服务，充分满足顾客的需求，也可以开发全新的产品，为顾客提供新颖独特的有形产品和服务体验，从而提高顾客的满意度。

第四，提升国内品牌酒店的品牌推广力度。国内品牌酒店尤其是酒店集团都应重视品牌推广工作，全方位提升自身的品牌价值，缩小跟国际品牌酒店之间的差距，尤其要重视直销渠道的建设工作，包括官网的建设和推广、常客奖励计划的发展等。作为酒店业主方和管理方需要加大品牌建设和推广方面的投入，要着眼于长期的社会效益和经济利益，而不应着眼于眼前的经济利益。只有提升直销渠道对酒店经营的贡献份额，提升自身的品牌价值，才能有效提升国际竞争力。

三、旅游经济效益显著提高

有关统计数据显示，1989 年中国平均家庭旅游人次只有 0.2 次，到 2019 年已经达到 4.34 次，这个数字在短短 30 余年的时间里上翻了 20 多倍。国内旅游人次也从 1984 年的 2 亿人次，扩大到 2019 年的 60 亿人次。

从城镇居民和农村居民国内游客变化情况看，中国城镇居民国内游客增幅较大。2010 年，城镇居民国内游客为 10.65 亿人次，农村居民国内游客为 10.38 亿人次，城镇居民国内游客和农村居民国内游客基本持平。2019 年，城镇居民国内游客已经差不多是农村居民国内游客的 3 倍。

伴随着城镇居民国内游客数量的快速增长，中国国内旅游的总花费增速明显。2010 年为 12579.8 亿元，2019 年达 57250.9 亿元，10 年间增长了约 5 倍。2020 年，国内旅游收入 22286.3 亿元，同比下降 61.1%。其中，城镇居民出游花费 1.80 万亿元，下降 62.2%；农村居民出游花费 0.43 万亿元, 下降 55.7%。人均每次出游花费 774.14 元, 比上年同期下降 18.8%。其中, 城镇居民人均每次出游花费 870.25 元, 下降 18.1%; 农村居民人均每次出游花费 530.47 元, 下降 16.4%。

第二节 旅游公共服务能力显著增强

2020 年, 文化和旅游系统以《中华人民共和国公共文化服务保障法》为基本遵循, 配合全国人大开展公共文化服务保障法执法检查, 大力推进旅游交通基础设施服务体系建设, 不断完善旅游公共信息服务体系, 紧盯旅游公共安全保障, 大力提升旅游公共环境服务和旅游政府服务。

一、交通与旅游深度融合

2020 年末, 我国高铁营业里程达 3.8 万千米, 已覆盖近 95% 的百万以上人口城市, 动车组承担了铁路客运量的 65%; 我国高速公路里程 16.1 万千米, 已覆盖 100% 的 20 万以上人口城市; 我国民航机场已覆盖 92% 的地级行政区, 航班正常率超过 80%。革命老区、民族地区、边疆地区、经济欠发达地区的交通通达深度进一步提高。"快进慢游"已成为国内旅游新特征。我国京津冀、长江经济带、粤港澳大湾区、长三角等重点区域的交通已经连片成网, 区域交通网络建设有效促进了区域旅游目的地一体化。我国百万以上人口城市公交站点 500 米覆盖率 100%。我国农村公路网规模不断扩大, 农村公路里程达 438.23 万千米, 新增通客车建制村超过 3.35 万个, 乡村公共交通逐步实现主客共享。交通基础设施建设的巨大成就, 使得居民旅游进入多种交通方式可供选择的时代, 旅游者的交通方式选择行为更加多元。

2016 年以来, 国家各部委相继出台了多项规划与政策文件, 从顶层推动交通与旅游融合发展。随着《交通强国建设纲要》和《国家综合立体交通网规划纲要》的相继出台，交通与旅游融合发展被提到了新高度。交通与旅游融合在交通运输领域衍生出以铁路旅游、旅游公路、旅游风景道、自驾车房车营地、低空飞行旅游、特色服务区等为代表的交通旅游产品，公路网络、旅游服务区、客运枢纽、游艇码头等交通设施进一步完善旅游服务功能，涌现出诸多"旅游＋交通"的典型案例。

①新疆的独库公路。修建于1974年的独库公路，又被称为"天山公路"，1983年9月通车。2019年，新疆推进"旅游＋交通"融合发展模式探索，提升了独库公路服务品质，独库公路以全新面貌出现在游客面前。独库公路沿途分布有天山神秘大峡谷、独山子大峡谷、库车大小龙池、巴音布鲁克和那拉提草原等著名景区，因其独特的自然景观被《中国国家地理》评选为"纵贯天山脊梁的景观大道"，被游客誉为新疆最美公路。其独特的山地自然景观以及神秘雄伟的高原雪景、湖泊，吸引着众多自驾游游客纷至沓来。目前，新疆独库公路已经成为中国最为著名的观光旅游公路之一。

②安徽的大别山旅游扶贫快速通道。大别山旅游扶贫快速通道，是国家旅游部门确定的国家生态旅游黄金线路之一，沿线分布有刘邓大军千里跃进大别山指挥部旧址等7个红色人文景点，天堂寨、铜锣寨、白马尖、佛子岭等15个5A、4A级景区。项目依托现有农村公路网，开发有人行步道、骑行道、景区绿道、城乡慢游观光线路等，因地制宜，建有露营基地、康养度假区、公路服务区等服务设施，连接起100多个各具特色的茶叶、中药材、草莓等生产基地，有效地将交通与旅游开发、产业发展、乡村振兴深度融合。2016年，大别山旅游扶贫快速通道建成通车。2020年，入选安徽省"十大最美普通国省干线公路"。2021年，荣膺国际道路联合会全球道路成就奖环境保护类专项奖。

③甘肃的"环西部火车游"。被称为"陆上邮轮"的"环西部火车游"

旅游产品是由甘肃省文化和旅游厅与中国铁路兰州局集团联合打造的王牌旅游产品，"一车一景""一车一馆"是"环西部火车游"的一个亮点。为丰富旅客出行体验，彰显丝路文化内涵，凸显"列车＋文化"特色，"环西部火车游"列车根据不同车厢主题，将西北旅游的地域特色、历史人文、民俗风情等多元素有机融合，把特色元素装饰画融入车厢，勾勒出一幅"人在车上，车在画中"的美丽景观，使列车成为荟萃陇原、丝路文化的流动博物馆。"联通陆海丝·助推双循环"——甘肃文旅"环西部火车游"主题推广营销活动获得"2020年度中国文旅营销创新典范"和2020年国内旅游宣传推广典型案例殊荣。

同时，在旅游发展格局中积极融入交通要素，将旅客转变为游客，不断创新旅游客运服务、提升旅游服务保障水平。"交通＋旅游"融合使得交通具备了景观、旅游、交通、绿色、环保等复合功能，既适应了时代发展，又遵循了可持续发展原则。

在国家交通与旅游融合顶层政策指引下，各省（市、自治区）积极出台交旅融合发展相关的政策。例如，浙江省人民政府发布了《加快推进交通运输与旅游融合发展实施意见》，并制定了为期5年的《加快推进交通运输与旅游融合发展重点任务安排》；四川省交通运输厅会同文化和旅游厅联合印发了《加快推进全省交通运输与文旅融合发展的指导意见》，安排"快进慢游"旅游交通基础设施网络；甘肃省交通运输厅发布了《关于加快旅游公路建设的工作方案》，以全面加快推动全省旅游公路建设，促进交通与旅游深度融合、联动发展，助力旅游强省战略实施。

在相关政策支持下，交通运输与旅游业融合发展深入推进，交通与旅游融合发展模式不断创新，融合创新发展模式日渐成熟。各地相继探索出铁路旅游、公路旅游、水上旅游等融合联动发展新模式，呈现出休闲步道、汽车营地等休闲类交通旅游融合业态，旅游公路、景观铁路等观光类交通旅游融合业态，低空飞行、邮轮游艇等体验类交通旅游融合业态，联运服务、枢纽服务等服务类交通旅游融合业态。交通的先导性、基础性作用体现得更加明显，旅游的带动作用与衍生价值更加凸显，有利于拓展旅游发展新空间，培育发展新动能。

二、旅游"厕所革命"进一步深化

"厕所革命"是全面提升公路服务品质、促进交通与旅游融合发展的重要基础，舒适卫生的如厕环境备受旅客关注。2020年，我国大力推进《旅游厕所质量等级的划分与评定》等国家标准制定工作，全年新建、改扩建旅游厕所2.03万座，超额完成三年行动计划目标任务，加快推进旅游厕所电子地图上线，14.5万座厕所已在手机app进行标注。

"厕所革命"带动了全域旅游公共服务配套的升级，部分地区将景观、文旅厕所巧妙融合，让游客能直观地感受到地域的独特之处。旅游厕所覆盖各类景区景点，服务功能和基础设施不断完善，为全域旅游发展奠定了良好基础。

各地在"厕所革命"中根据自身地域特色，增加人文关怀，力争提升旅居环境，既满足厕所的基本功能，又不断拓展融合之路，探索出了一系列模式。

①杭州西湖风景名胜区苏堤三桥的高科技公厕。苏堤三桥公厕又名"兰心公厕"，设在苏堤中段的锁澜桥与望山桥之间。公厕白墙黛瓦，修竹傍身，从公厕的走廊望出去，就是西湖的远山近水。这是一座太阳一晒就能自净分解臭气的公厕。最特别的是公厕外部设置了一处新零售区域，售卖矿泉水、饮料、食物等，旁边还有充电宝，零售所赚的钱用来管养公厕。这也是景区第一次探索的"以商养厕"新模式。

②杭州西湖风景名胜区灵隐翠薇园的"潮汐门"公厕。该厕所就是

在旅游旺季，女厕需求量较大时，关闭与男厕之间的门，再打开与女厕之间的门，使厕间的 5 个厕位全部变成女厕位，男女厕位比达 2 ： 3，满足规范要求，反之亦然，从而缓解排队如厕现象。

③陕西省华清宫景区的"御净轩"。结合有关史料，紧贴景区文化氛围的陕西省华清宫景区，所有公厕均命名为"御净轩"。"御净轩"建筑的外立面呈仿唐建筑，与周边建筑相互融合。内部装修材料也各具风格，唐文化游览区域内采用唐风元素，西安事变游览区采取民国装修风格，在提升内部空间美感的同时，便于游客辨识。

④浙江省缙云仙都景区的景厕相融模式。在外观建设上，充分考虑景观融合度，注重科学实用和生态环保，因地制宜，既有砖混、拼装厕所，也有石头、土木厕所，力求体现功能齐全、美观大方和智慧科技的运用。在内部布置上，充分结合缙云的特色产业、特色文化等资源，融入黄帝、影视、婺剧、书法、石头、农耕、慈孝等文化元素，彰显缙云特色，真正做到"一厕一景观，一厕一主题"。

三、旅游公共信息服务能力大幅提升

创新智慧旅游公共服务模式。摸清资源，做实规划，以"不求所有，但求所用"为指导思想，集合政府部门和社会的信息资源，联动联合各涉旅部门成功实现涉旅信息共享。加强与经信、商务、物流等部门对接，促进旅游信息消费和电子商务发展；加强与交通、公安、气象、测绘、通信等部门合作，完善跨区域、多部门旅游公共信息共享交换机制。

以试点示范为突破，推动省、市、县（景区）建设应用平台。各地以旅游信息化建设为契机，规划建设旅游运行监管及安全应急管理联动指挥平台和户外应急救援平台，并运用上述平台和大数据分析应用系统，实现事前预测预警、事中引导分流、事后精准营销；及时发布气象预警、道路通行、游客接待量等实时信息，加强旅游预约平台建设，推进分时段预约游览、流量监测监控、科学引导分流等服务；建设旅游监测设施和大数据平台，推进"互联网＋监管"，建立大数据精准监管机制。

智慧旅游建设快速推进。各地积极探索，打造出一批智慧旅游城市、旅游景区、度假区、旅游街区，培育了一批智慧旅游创新企业和重点项目。开发数字化体验产品，发展沉浸式互动体验、虚拟展示、智慧导览等新型旅游服务，推进以"互联网＋"为代表的旅游场景化建设。以智慧旅游建设为引领，提升旅游景区、度假区等各类旅游重点区域 5G 网络覆盖水平；停车场、旅游集散中心、旅游咨询中心、游客服务中心、旅游专用道路、旅游厕所及旅游景区、度假区内部引导标识系统等数字化、智能化改造升级全面推进；通过互联网有效整合线上线下资源，促进旅行社等旅游企业转型升级，旅游景区、度假区、旅游饭店、主题公园、民宿等与互联网服务平台合作建设网上旗舰店；依法依规利用大数据等手段，提高旅游营销传播的针对性和有效性。

第三节　旅游产业结构日趋优化

产业作为经济增长的关键要素，其增长实质是产业规模、质量和结构不断发展并逐渐优化的过程。随着居民消费加快升级，劳动力、土地等要素成本不断提升，推动产业结构转型升级成为经济高质量发展的重点。旅游产业不但要实现规模扩张和高质量效益增长，更要实现结构优化与更新换代，旅游产业结构的合理与否直接关系到资源要素（资本、劳动力、土地、技术等）在不同部门之间的有效配置和有序协调。党的十九大报告明确提出"建立更加有效的区域协调发展新机制"，日益增强的经济关联与空间互动成为区域协调的重要决策变量，区域经济的空间关联已突破传统的线性模式。

旅游产业结构变迁是一个动态的系统过程，在该过程中实现了旅游产业结构合理化转变与高度化演进。同时，不同地区之间旅游产业结构的空间关联具有复杂性、网络性和多元性，存在复杂的内在联系与传导机制。中国旅游产业起步较晚，但经过几十年的高速发展，产业结构已经发生显著变化，已从过去的单一旅行社产业发展成为食住行游购娱等门类较为齐全的产业结构体系。

一、大众旅游消费持续快速增长

当前，我国人均 GDP 已超过 10 000 美元，正处于旅游消费需求爆发式增长时期，大众旅游时代刚刚开始。随着全面建成小康社会深入推进，城乡居民收入稳步增长，消费结构加速升级，人民群众健康水平大幅提升，假日制度不断完善，基础设施条件不断改善，我国居民的旅游消费能力、旅游消费需求和旅游消费水平都将大幅度持续增长。

中国已进入老龄化社会，相当多的老年人由于身体好、收入稳定、闲暇时间充足，具有很高的出游愿望和需求，银发旅游市场前景可观。同时，随着农村经济的发展，农民收入的提高，中国广大农民出游的势头也十分强劲。作为一个人口庞大的农业大国，农村旅游市场将成为中国旅游业未来发展的巨大客源市场。

在出游目的和出游方式上，休闲旅游取代观光旅游成为主要出游目的，亲子游市场热度不断提升。在出游人群结构上，年轻化成为主要趋势，35 岁以下人群是旅游者中的主力人群，女性旅游者比例也逐渐提升，男女比例发展较为均衡。在出发地和热门旅游目的地城市上，经济发达省份出游热度更高，目的地城市的旅游设施建设、人文环境和美食文化都是旅游人群考虑的因素。

二、旅游产业内部结构更加合理

旅游产业内部涉及旅行社、旅游饭店、旅游交通、旅游商品、旅游资源等在空间分布、档次结构、区域布局等方面更加合理,各要素的功能分区与地区间的空间联系更加紧密。

从旅行社区域结构看,随着市场的不断优化和壮大,旅行社数量逐年增长,形成了不同数量、规模、性质的旅行社在不同地区散点布局的特点。从旅行社经营情况来看,国内旅游依然是主要收入来源;从数量上来看,广东省旅行社数量最多;从营收能力来看,上海的综合营收指标最高;从接待游客数量来看,浙江旅行社国内旅游接待游客人数最多。

从旅游饭店区域结构看,旅游饭店的数量、规模等与地区旅游资源集聚度、社会经济发展程度和市场需求度密切相关,已由供不应求的卖方市场转变为以多元化结构和个性化消费并存为特征的买方市场。中低档旅游星级饭店目前已经趋向饱和,豪华高档饭店和经济型饭店将成为各大主要城市最具发展潜力的。

从旅游交通区域结构看,旅游交通的运力、规模和水平受旅游资源与旅游客源分布的影响。中东部地区分布密度较大,且出行交通种类和交通便捷度较高;西部地区的区域旅游交通条件正在逐步改善。

从旅游商品区域结构看,旅游商品既有面向专业卖家的专、特、精产品,也有面向普通消费者的大众化旅游商品,旅游商品已成为旅游产业链的重要一环,以此衍生出来的购物旅游成为近年来旅游重要的新业态之一。地方政府对旅游商品的关注热情空前高涨,依托本地的名特土产品,不断拓展地方旅游商品产业的发展空间,旅游商品开发和市场欣欣向荣,形成各具地方特色的旅游商品品牌。

从旅游资源区域结构看,各地均依托本地自然资源本身的特质、数量、质量构建旅游空间发展格局,形成了以自然旅游资源和人文旅游资源为基础、以人造旅游景观为补充的资源开发格局。相对而言,西部地区自然和人文旅游资源丰富,开发潜力大;东部地区在重点开发自然和人文旅游资源的基础上,人造景观相对丰富。

三、区域旅游合作迈向高水平

中国区域旅游合作已经从最初的景区与景区、城市与城市、线路与线路之间的合作发展为如今的跨区域、跨国、跨境合作。区域旅游合作已经成为共谋高质量发展机制、共创高质量文旅产品、共享一体化旅游市场、共建效益评价体系、共推"IP+文旅"跨界融合、共评特色旅游商品的重要方向,地方政府成为风起云涌的新一轮区域旅游合作的主力军。

目前,中国国内的区域旅游合作涉及长三角区域旅游合作、环渤海区域旅游合作、长江经济带区域旅游合作、沿黄九省区区域旅游合作、西北五省区区域旅游合作、粤港澳大三角旅游合作等,跨境的涉及中国东北与俄罗斯、蒙古毗邻地区区域旅游合作、中国与东盟自由贸易区旅游合作、湄公河次地区旅游合作、图们江区域旅游合作等,这些区域合作在不排斥地方利益诉求的情况下,通过合作消除体制障碍和地方壁垒,形成充分竞争和完全竞争旅游市场,从而促进资源和要素的合理流动和最优配置。

合作层次向高级别发展。深层次的旅游合作依然面临诸多旅游主管部门无法解决的障碍,如跨区域的旅游交通问题。面对这类涉及国家利益部门化的问题,唯有建立高层次的协调议事机构才能有效解决。泛珠三角"9+2"区域合作建立的最高行政首长联席会议制度、政府秘书长协调制度和政府部门协调制度是解决这一问题的典范,值得学习和借鉴。

合作内容更加丰富。通过加强城际间的交通建设、城市文化建设、旅游投诉处理等的合作来共同营造良好的区域旅游大环境；通过强化旅游功能区建设，整合分散的旅游景点，扩大规模，提升档次；通过合作营销，开展市场调研、培育共同市场、取消行政壁垒，合力开拓客源市场，互为客源地和旅游目的地；通过合理分工，共享发展成果理念，重组区域旅游资源。通过发挥各地旅游企业优势，建立城市间良好的合作机制，促进旅游企业联合发展。

四、旅游业变革创新步伐加快

借助人工智能技术，"无接触服务"得到推广应用，酒店行业纷纷推出"无接触服务"。华住集团旗下酒店、首旅如家等不仅能够实现自助完成续住、退房等手续，而且还提供机器人递送服务。

旅游业尝试"直播带货"模式，激发旅游市场活力。在直播经济带动下，各大旅游企业、旅游景区、旅游达人等纷纷开展网上直播营销业务。截至 2020 年第三季度，携程直播矩阵成交总额累计超过 24 亿元，观看人数超过 1.7 亿人次。2020 年，微博旅游直播开播超过 4 万场次，微博旅游直播观看量超过 20 亿人次。

"预约制"为景点旅游带来新体验。旅游景点"预约制"加速普及，从统筹经济性、安全性与体验性出发，对客流量进行动态调整，从而提升旅游景区智慧化管理水平，促进旅游行业高质量发展。

第七章　旅游业高质量发展面临的机遇和挑战

当今世界正处于百年未有之大变局，人类命运共同体理念深入人心，国际环境日趋复杂，不稳定性、不确定性明显增加。文化和旅游既要在展示国家形象、促进对外交往、增进合作共赢等方面发挥作用，也要注意防范逆全球化影响。从国内看，文化和旅游发展面临着一系列新特征、新要求，必须准确把握新发展阶段，深入贯彻新发展理念，加快构建新发展格局。推动高质量发展，需要加快转变文化和旅游发展方式，促进提档升级、提质增效，更好地实现文化赋能、旅游带动，实现发展质量、结构、规模、速度、效益、安全相统一；构建新发展格局，需要用好国内国际两个市场、两种资源；满足人民日益增长的美好生活需要，需要顺应数字化、网络化、智能化发展趋势，提供更多优秀文艺作品、优秀文化产品和优质旅游产品，强化价值引领，改善民生福祉。

第一节　旅游业高质量发展面临的机遇

一、系列优惠扶持政策措施为旅游业高质量发展提供新指引

产业政策是政府发挥有形之手，弥补市场无形之手缺陷的重要举措，旨在有效配置资源，引导和规范市场，促进产业发展及协调国民经济健

康可持续发展。为保障旅游市场和旅游业的健康持续发展，需要政府的介入，需要看不见的市场之手和看得见的政府之手发挥双重作用。政府主导的旅游业发展模式明确了政府在产业发展中的主体地位。政府通过旅游业政策发挥作用，调节不同利益主体，引导旅游业健康发展。旅游业快速发展离不开旅游产业政策的引导与规范。

国家旅游业相关政策的颁布与发展重心转移有密切关系。1978年颁布的《关于发展旅游事业的请示报告》标志着以经济建设为中心开展对旅游产业的政策调控，也标志着政府主导型旅游产业的发展模式得以确立。2001年以来是旅游产业政策的发展完善期和高密集出台期，重点针对国内旅游景区、旅游餐饮、旅游住宿、旅游汽车等各类行业的规范性发展出台针对性政策法规。在加快旅游产业发展方面，比较有代表性的是《关于加快发展服务业的若干意见》（2007年）、《关于加快发展旅游业的意见》（2009年）、《中华人民共和国旅游法》和《国民旅游休闲纲要》（2013年）、《关于促进旅游业改革发展的若干意见》（2014年）、《关于进一步促进旅游投资和消费的若干意见》（2015年）、《"十三五"时期文旅提升工程实施方案》（2017年）、《关于进一步激发文化和旅游消费潜力的意见》（2019年）。这些涉及投资、税收、就业、产业组织、区域布局、资源开发与保护、旅游市场促销、消费引导、配套设施与保障措施等方面的支持政策，指导性与强制性并存，协调性与层次性兼具，是市场机制和计划机制在旅游业中的有机结合，一方面加快了资源配置的优化过程；另一方面对提高产品竞争力、促进经济布局合理化、缩小地区差距有积极意义。

国家政策出台需要地方贯彻和落实，在国家政策护航旅游业良性发展的同时，地方政府积极响应国家政策，根据自身发展实际出台相应的政策文件。例如：为贯彻落实国务院办公厅《关于进一步促进旅游投资和消费的若干意见》（2015年），甘肃省出台了《促进旅游投资和消费实施意见》（2015 年）；为贯彻落实《关于进一步激发文化和旅游消费潜力的意见》（2019 年），山西省出台了《关于进一步激发文化和旅游消费潜力的实施意见》（2020 年）。中央出台政策与省级出台政策间存在驱动与响应的关系，国家旅游产业政策具有引领性、前瞻性、先导性等特征，而省级旅游产业政策具有响应性、竞争性、自觉性等特征，二者的交互对于旅游产业的发展具有调控作用。

同时，某些省份依托自身资源、区位优势及经济水平率先发展旅游业，制定有效可行的旅游产业政策，一方面对于中央政策的制定有一定的借鉴意义，另一方面也刺激了省际旅游产业政策的出台。例如，陕西省 1985 年颁布《关于大力发展旅游业的决定》之后，带动了旅游业的发展，提高了第三产业以及服务业的收入比重。由于陕西省在旅游业方面有益的示范作用，国家迅速出台相关旅游产业政策，推动旅游业的大力发展。值得一提的是，自 2016 年海南省被确定为全域旅游创建省以来，全域旅游的规范和引导成为旅游产业政策关注的核心。2017 年《全域旅游示范区创建工作导则》将全时空融合作为全域旅游创建的核心。在这种大融合发展思路下，多业态、多角度、多措施成为全域旅游发展的重点和建设方向。

二、坚实的经济基础为旅游业高质量发展提供新动能

近五年来，中国国内生产总值保持快速增长，2020 年 GDP 首次突破 100 万亿元大关。2021 年虽然受到疫情、汛情等因素冲击，面临需求收缩、供给冲击、预期转弱三重压力，但中国经济展现了强大的韧性，国内生产总值超 114.37 万亿元，稳居世界第二，人均国内生产总值突破 1.2 万美元 [1]，稳居中等偏上收入国家行列，与高收入国家的差距继

---

[1] 光明网：《2021 年国民经济和社会发展统计公报》，2022 年 2 月 28 日。

续缩小。

从三次产业增加值的比重看，2021年，第一产业增加值83 086亿元，比上年增长7.1%；第二产业增加值450 904亿元，比上年增长8.2%；第三产业增加值609 680亿元，比上年增长8.2%。第一产业增加值占国内生产总值比重为7.3%，第二产业增加值占国内生产总值比重为39.4%，第三产业增加值占国内生产总值比重为53.3%（图7-1）。经济结构持续优化，消费结构升级，人民生活改善，消费形态从基本生活型转向发展享受型，消费品质从中低端转向中高端，服务消费比重不断提高，旅游消费步入寻常百姓家。

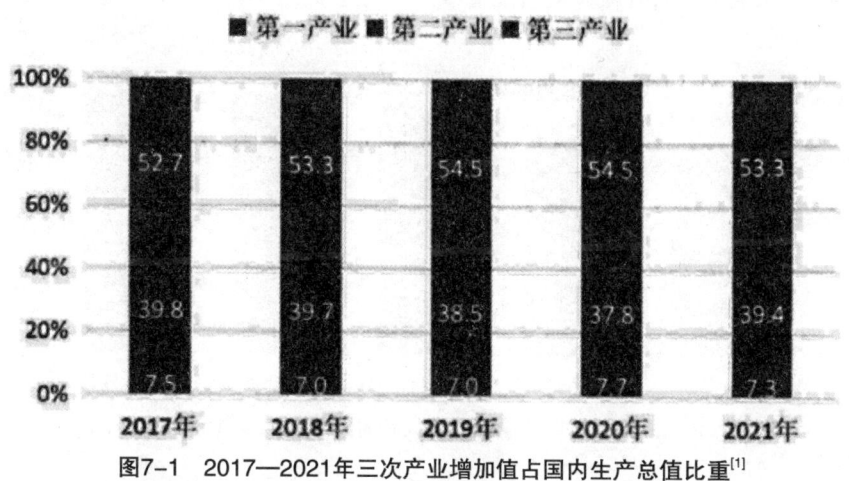

图7-1　2017—2021年三次产业增加值占国内生产总值比重[1]

城乡居民收入增加刺激旅游消费需求。"十三五"时期5575万农村贫困人口实现脱贫，年均减贫1115万人，困扰中华民族几千年的绝对贫困问题得到历史性解决，创造了人类减贫史上的奇迹。2021年，全国居民人均可支配收入35 128元（图7-2），其中，城镇居民人均可支配收入47 412元，农村居民人均可支配收入18 931元。城乡居民收

---

[1]　国家统计局：《中华人民共和国2021年国民经济和社会发展统计公报》，2022年2月28日。

入差距不断缩小，城乡居民人均可支配收入比值为 2.50，比上年缩小 0.06，全年全国居民人均消费支出 24 100 元，比上年增长 13.6%，扣除价格因素，实际增长 12.6%[1]。可支配收入水平意味着支付能力，影响着一个人是否成为旅行者，影响着旅行者的消费水平和结构及他们对旅游目的地和旅行方式的选择等。一般规律是经济越发达、收入水平越高的地区，出游人数会越多。郑群明、钟林生（2005）从居民对旅游认知特征的角度展开研究，提出限制多数农村居民出游的主要因素是可自由支配收入。[2]

图7-2　2017—2021年全国居民人均可支配收入及其增长速度[3]

---

[1]　国家统计局：《中华人民共和国 2021 年国民经济和社会发展统计公报》，2022 年 2 月 28 日。

[2]　郑群明、钟林生：《农村居民旅游认知特征分析——以湖南省四县市为例》，《地理研究》2005 年第 4 期。

[3]　国家统计局：《中华人民共和国 2021 年国民经济和社会发展统计公报》，2022 年 2 月 28 日。

三、数字经济蓬勃发展为旅游业高质量发展拓展新领域

数字经济加速发展，正成为重组全球要素资源、重塑全球经济结构、改变全球竞争格局的关键力量。数字化转型是旅游产业保持年轻活力的重要手段，随着5G、人工智能、物联网等新技术的不断成熟，旅游产业迎来数字化转型的重要发展阶段。

（一）数字技术的蓬勃发展有助于旅游产业效率提升

数字技术全面赋能服务业生产、传播、交易、消费全链条，产生了较大的规模经济，正在逐步改变服务业生产效率低的特性。伴随着数字技术的加快应用，旅游产业效率也在不断提升。数字技术"链接、集聚、赋能"的特性将引领我国旅游产业实现去中心化、平台化和柔性化的全新组织结构，在这种开放竞合的关系下，我国旅游产业将实现纯技术效率、规模效率和综合效率的全面变革。

第一，数字技术提升旅游生产要素组合效率。在数字经济时代，数据成为一种关键的生产要素，数字技术渗透到旅游生产与消费的各个环节，将极大地改变传统旅游资源的投入、组合和使用方式，以最少的劳动、资本、土地等要素投入，获得最大的产出，显著提升旅游生产要素组合效率，为推动旅游业高质量发展提供重要的新要素动能。

第二，数字技术激发旅游产业创新效率。要实现旅游业高质量发展，必须推动我国旅游业从依靠资源和市场的粗放型增长方式向依靠科技创新的集约型增长方式转变。而数据作为一种关键生产要素融入旅游业，以数据流为基础，能够整合技术流、物资流、资金流和人才流，激发旅游产业创新效率。

第三，数字技术加快旅游业供给侧结构性改革。利用数字技术，精准预测旅游消费需求，减少低端无效供给，提高旅游供给质量，以高质

量旅游供给引领旅游消费新需求。

（二）数字技术的蓬勃发展促进旅游产业结构升级

随着大数据、人工智能、云计算、物联网、移动互联网等数字技术的快速发展与广泛应用，数字产业化与产业数字化的进程持续推进，数字技术对产业结构升级产生巨大作用。数字经济推动产业结构升级的直接途径是不断催生新产业、新业态，数字技术赋能传统产业加速变革；间接途径影响人力资本、科技创新等资源要素的使用与配置，促进产业结构升级。

数字技术促进旅游产业结构升级是指数字技术逐渐渗透于旅游产业，推动旅游发展方式转变，并逐步促进旅游产业结构迈向高级化。旅游业高质量发展的最终目的是提升游客的满意度。由数字技术发展推动的旅游产业结构升级，会进一步提升旅游者的个性化体验。

首先，数字技术催生新的旅游业态。数字技术的发展打破了产业之间的边界，推动不同产业之间深度融合，催生各种新的旅游业态。

其次，数字技术赋能推动形成新的旅游生态。数字技术与数字经济的发展不仅催生了各种数字旅游企业，而且推动着传统旅游企业加快数字化转型。旅游企业综合运用 5G 技术、物联网技术、人工智能技术等数字技术，为实现旅游目的地智能管理提供了技术支撑，并逐渐形成以旅游云平台为核心依托的数字技术赋能服务体系。

最后，数字技术应用于旅游产业链各环节，能实现各环节高效联结，提升各环节的运营效率，实现旅游产业链价值的全方位提升。

（三）数字技术的蓬勃发展推动旅游商业模式创新

作为一种创新活动，商业模式创新主要是通过提出新的价值主张和创造新的资源组合来实现。在数字经济时代，传统商业模式已无法适应技术进步和市场多元化、个性化、集约化的需求，面临着诸多瓶颈，数字技术是推动商业模式创新的关键动力。数字技术的出现改变了交易场所，丰富了交易品类，减少了中间环节，数字互联成为一种新的经济资源，改变了生产者和消费者之间的关系，加快了企业商业模式创新。

通过数字技术，企业可以从海量的数据资源中找到有用的信息，从而转变业务战略和商业模式。此外，企业还能及时获取消费者的各类信息，进而开发新产品，促进技术导向型商业模式创新。旅游商业模式创新对旅游企业发展具有重要意义，企业通过提供优质的旅游服务实现自身的价值，以高品质服务赢得旅游者的认可。

第一，数字技术促进旅游商业模式创新。主要表现为数字技术改变了传统旅游管理模式，推动旅游管理向旅游治理转变。不同的管理模式往往会影响商业模式，旅游管理模式的改变是旅游商业模式创新的重要突破口。

第二，数字技术的应用会带来旅游企业经营模式的改变。在数字经济时代，旅游企业可以通过各类数字技术，从大规模、多样化的数据中挖掘出有价值的信息，改造原有的盈利和运营模式，从而为企业创造巨大的经济价值；旅游企业可以借助数字技术精确锁定目标客户、科学分析客户的需求，并重新定义旅游产品供应链，从而优化旅游产品生产和营销的流程，提升旅游企业的运营效率，拓宽企业收入渠道。

四、公共危机事件加速旅游业升级换挡

公共危机事件具有非预期性和重大破坏性的特征，可能对旅游业产生巨大冲击。我国旅游业曾多次受到突发事件的冲击，面临行业危机。相较传统的旅游目的地危机事件，公共危机事件对旅游产业和旅游活动的影响范围巨大、持续时间更长、应急措施难以在平时模拟，且会在毫

无防备、缺少有效对策备案的情况下出现。同时，公共危机不仅会在发生时给旅游产业实体带来不同程度的损害，还会因其他社会机能的波及使本产业和关联产业经历长期的恢复过程。与此同时，危机也是加速旅游业升级换挡，促进大众旅游、传统旅游向优质旅游迈步的重要契机。

（一）紧抓技术革命机遇，创新开展"云旅游"

当前，我国虚拟现实（VR）、增强现实（AR）、3D、5G 技术日益成熟、应用广泛，旅游从业人员应紧抓技术革命机遇，利用这些新技术，依托已经成熟的企业平台，实现"云旅游""云观展"。旅游景区运用 360 度 VR 全景导览系统，为游客提供美景的欣赏，同时带给游客另外一种体验。高质量的旅游发展需要回归初心和创新突破，散客化、个性化出游是近年来的持续发展趋势，小规模、自组织、家庭型、开放型的旅游模式将成为出游首选。

（二）直面环境变革，迎合旅游体验市场需求

一是安全、健康、亲情将是未来旅游需求的新方向，个人独立空间需求增大，人们对参团旅游会更加慎重。二是自驾游市场将得到进一步发展，将成为境内短途及境外自助旅游交通方式的第一选择。三是开放型景区受到青睐，合理控制人流、加强卫生防疫成为趋势。四是低密度无景点旅游、全域休闲可能成为风尚。五是康养旅游必然成为重要的市场增长点，亲情显得更加重要，家庭式的旅游将有所增加。

（三）聚焦"旅游＋"，创新产品开发模式

"短视频＋旅游"组合孕育出许多新产品与新模式，专业化的虚拟旅游空间将出现。第一，虚拟旅游体验工厂应运而生，模拟城市、乡村、

景区的专业化旅游空间将成为旅游行业的新业态。第二，家庭化的虚拟旅游体验设施需求活跃，短视频用户与活跃度迅速增长，在家获取云旅游体验将成为重要的旅游产品。第三，虚拟会展受热捧，互联网 3D 商务时代将颠覆传统 "B2B" 模式，突破原先地域等诸多条件限制，因自主性、专业性、体验性、一站性、社区性与虚拟性，使会展减少对地域和资金的依赖，真正实现永不落幕的会展平台。第四，直播市场的繁荣催生了 "旅游＋直播" 营销和观看模式，通过网络直播，满足大量的旅游体验需求。

五、"双循环"新发展格局为旅游业高质量发展添动能

党的十九届五中全会通过的《中共中央关于制定国民经济和社会发展第十四个五年规划和二〇三五年远景目标的建议》提出，要加快构建以国内大循环为主体、国内国际双循环相互促进的新发展格局。未来较长一段时期，中国旅游将处于国内需求强化、外溢需求回流和入境需求缓速修复的动态平衡关系之中，外部拉动减弱，内生性需求凸显。为此，应迅速建立以国内需求为主体、国内国际相互促进的格局，以适应新形势新变化的需要。

"双循环"新发展格局推动建立多层次、多样化供给体系。长期以来，旅游业供给相对粗放，对多方面需求的匹配性不强，导致大量高端需求被挤出，中低端需求被有限供给压缩简化，形成了高端在外、主要受国外市场支配，中低端在内、主要受有效供给不足约束的格局。国民旅游需求国内实现度严重不足的现象，影响着我国旅游业动能的释放和总体效率的提升。随着国际流动受阻，出境旅游需求回流，为此要充分发挥我国超大规模旅游市场的优势和内需潜力，形成面向不同群体、不同层次、不同阶段的丰富旅游供给，通过发展格局重组，丰富产品类型，完

善产品体系，增强安全系数，改善运行机制，有助于提振人们的旅游消费信心，使旅游市场早日走出低迷。旅游市场的复苏和振兴能有效拉动内需，促进消费市场的振兴。

"双循环"新发展格局助推国内旅游产业格局优化。"双循环"新发展格局要求立足"双循环"，以国内旅游消费拉动国际旅游消费，以国内旅游产业推动国际旅游产业，从强化满足内需能力的角度入手调整全产业链。首先，要调整空间和要素配置，重构内地和沿海、前沿和腹地、城市和乡村的关系，立足城市群和都市圈重新配置要素。其次，要建立普遍便民惠民的国民旅游公共服务体系，面向国民旅游需求，在旅游公共信息服务、旅游安全保障服务、旅游交通服务、旅游便民惠民服务和旅游行政服务上全面布局，形成普遍便民惠民的旅游公共服务体系。最后，要紧抓旅游消费回流机遇，发展一批高标准的休闲、度假城市和目的地，构建一批国际旅游消费中心，以高标准需求拉动产业升级。

"双循环"有利于牢牢把握旅游发展的安全权。当前世界形势正在发生深刻复杂的变化，各种突发情况、潜在风险越来越多。全球经济的衰退必将影响包括旅游在内的经济安全和政治安全。建立以国内旅游大循环为主体的双循环旅游发展格局，可以发挥我国政局稳定、制度优越和内需潜力巨大的优势，减少外部环境和国外市场对我国旅游业发展的影响，以国内大循环为主推动旅游产业发展，把旅游发展安全权牢牢掌握在自己手中。

"双循环"有助于重塑全国旅游空间结构。全国性大循环是把全国作为一个整体、一个系统，充分发挥我国的制度优势，在国家的统一部署下，对事关旅游发展全局性的大项目、大活动，实行统一安排、统一布局、统一营销，形成全国范围内协调一致的高效大循环。区域性循环是一个省、一个市、一个县，在这个区域范围内，实行建设一张图纸，产品层次统一布局，营销统一安排，运转统一协调，形成区域内循环圈。

区域与区域之间的循环是在区域与区域之间，建立信息互通、产品互补、营销互动、客源互送的良性协作关系，形成区域之间紧密对接、良性循环的局面。线上线下大循环是着力构建全国范围、区域范围的智慧旅游体系，实现线上营销预订与线下接待服务的无缝对接，形成线上线下大循环。

"双循环"有助于畅通旅游业运行机制。以国内大循环为主体的双循环旅游发展格局是一个庞大的系统，它的构建、运行是一个复杂的过程，必须有一个强有力的协调机制统领。各个循环系统要由政府牵头，相关部门、社会组织参加，组成协调机构，统一协调构建过程中的规划制定、网络构建、产品布局等事宜，统一指挥构建后系统的运行。各级政府要出台相关政策，鼓励和引导各类企业、社会资本参与双循环发展格局的构建，鼓励和引导旅游行业淘汰落后产能，走高质量发展之路。双循环旅游发展格局的构建，没有现成的路可走，有关部门既要鼓励勇于实践、大胆探索，也要积极跟进、及时总结，尽快形成双循环旅游发展格局的构建标准或指导性意见以及运行要求，尽量避免走弯路。

第二节　旅游业高质量发展面临的挑战

一、产业发展的机制体制不畅是旅游业高质量发展的重要阻力

（一）旅游业高质量发展的体制机制需健全

根据我国的行政体制，不同资源属性的旅游景区分属不同部门管辖，同一景区也可能会受多个部门联合管辖，造成景区管理体制低效率。按照国家标准分类，旅游资源分为 8 大主类、31 个亚类和 155 个基本类型，

这些旅游资源分别隶属于各个部门主管，多头领导和条块分割现象比较普遍。从新一轮机构改革的部门来看，风景名胜区由住建部门主管，地质公园由林业和草原局主管，国家公园由国家公园管理局主管，旅游景区由文旅部门主管，文化遗产由文物部门主管。凡是在这些区域内开展旅游项目建设或从事部分旅游活动，均要得到多个部门的行政审批，必然存在着较大的制度性交易成本。不同的部门职责和行政立场，对稀缺资源的保护与开发的政策决策存在较大差异，归根到底是行政体制问题造成的。另外，我国旅游资源的产权不清晰，缺乏有效的监督机制。例如，有些地方政府大肆自主开发或非法处置旅游经营权，造成比较严重的国有资产流失；由于缺乏科学的旅游价值评估体系，有些政府廉价转让给开发商动辄数十年的旅游开发经营权，而地方党政班子和部门主管领导更迭调动频繁，势必存在较大的寻租空间。

（二）旅游业高质量发展的指标体系的科学性不够

现行的国民经济核算体系所得出的旅游统计数据很难客观真实地体现我国的旅游发展质量，没有较好地发挥监测及预警预判作用。我国旅游业统计口径更加侧重于特定时间内的地理空间位移，而忽视了基于旅游目的的初心和本真。随着大众旅游时代的到来，人们的旅游需求多样化和出行目的泛化对游客量统计造成较大挑战。同时，交通设施条件的改善已经形成高铁公交化和自驾旅行常态化，对原有的旅游统计标准造成颠覆性影响。在地方统计实践中，有的地方尝试从移动、联通、电信三大通信运营商系统数据平台及省公安厅管理系统数据平台调取数据来测算游客量，这种方法虽然最大限度地剔除了主观人为因素，但仅在一定程度上反映了人口流动状况，其结果与各地的区位条件、人口总量和经济实力存在较大的关联，没有将旅游业的性质特征因素考虑进去，作为游客量统计方法而言存在较大的漏损和误差。旅游收入简单地由游客量与人均消费额的乘积所得，而各地各景区的人均消费额缺乏标准化的量化依据，人为主观操作性较大，容易造成旅游收入统计结果失真。旅游业的范畴和边界一直比较模糊，尽管政界早已设立旅游管理部门，学界也设立旅游管理及相关专业，业界也有大量的涉旅企业，但各个领域对旅游业的概念尚未形成统一的定论。有的发达国家通过建立旅游卫星账户来监测旅游经济，但这种建立在成熟的国民经济核算体系框架内的统计方法要在我国推广运用，还面临着较大的现实困境。

二、时空发展不平衡影响旅游业高质量发展

（一）旅游要素空间不平衡弱化旅游业高质量发展水平

我国旅游业在很多方面已进入世界前列，但依然存在发展不平衡不充分的问题，这已经成为满足人民日益增长的美好旅游生活需要的制约因素之一。

1.旅游资源空间分布不平衡

从总体态势来看，东部旅游目的地的接待能力与服务水平明显优于中西部；西部各省份生态环境好，本应该成为旅游的重点发展区域，却受困于交通基础设施等因素的制约；北方大部分地区旅游经营，目前基本上处于粗放型的模式，其市场化程度大体落后于南方。根据《中国国内旅游发展年度报告 2021》，我国东部地区旅游景区资源最为丰裕，拥有全国 34.8% 的旅游景区资源；其次是西部地区，拥有全国 34.2% 的旅游景区资源；中部地区和东北地区则分别拥有 22.1% 和 9.0%。截至 2021 年 6 月，文化和旅游部共确定了 306 家国家 5A 级旅游景区，其中：东部地区 113 家、西部地区 102 家、中部地区 72 家、东北地区 19 家。大量知名旅游景点散布在偏远的中西部地区，而东部沿海发达地区和主要一线城市的旅游消费能力和消费需求更强，客源市场更大，

旅游供给相对不足。

2. 旅游产业空间发展不平衡

长期以来,我国旅游产业呈现出区域发展不均衡的局面,总的来说,是"东强西弱,南强北弱"的格局。近年来,中西部区域的国内旅游接待人数增长速度加快,与东部区域的发展差距不断缩小。2020年,东部、中部和西部的国内旅游接待人数分别为32.18亿人次、30.35亿人次、32.14亿人次,未来中部和西部区域的国内旅游接待人数有可能超过东部区域。

我国东部、中部和西部之间国内旅游收入差距在不断缩小。2020年,东部、中部和西部的国内旅游收入分别为43 452.95亿元、30 012.04亿元和33 822.52亿元。东北区域国内旅游收入为6884.70亿元,占全国总收入的6.0%。

3. 出游时间不平衡

我国旅游季节性显著,夏秋季节游客出游多,冬春选择出游的较少,且白天旅游产品多,夜间旅游产品较少。

首先,旅游闲暇因素对淡旺季影响较大。闲暇时间是旅游与出行的前提,旅游出行需要闲暇,没有闲暇就没有可能性。我国现在的带薪休假制度还没有完全放开,目前的休假制度安排和人民群众休闲度假旅游需求不相适应,造成了国民出游的全年时间分布过于集中。现全年有7个节假日共29天,约占全年的8%,但这些天的国内游人数占到了全年的32%,旅游收入占到全年旅游收入的40%左右。全年旅游流大起大落,呈现出高度失衡的状态。因此一到寒暑假、春节、十一等闲暇时间较多时,景点、饭店、酒店基本爆满。黄金周长假出游拥堵成为影响国民旅游质量的重要因素,法定假期扎堆出游让景区超负荷运行,造成旅游管理成本大幅度提升,容易产生较大的安全隐患和社会问题,也严重影响了旅游者的消费品质和满意度。

其次，家庭结构影响旅游淡旺季。现代城市家庭结构大多数可以概括为 4—2—1 的模式，是上有老下有小模式，因此家庭出游往往是因孩子和老人才出游，也导致现代城市家庭成为旅游的主体。对于孩子而言，现代家庭更加重视对孩子的教育，愿意在孩子身上进行投资、消费，更愿意趁着假期带孩子外出游玩，增长见识，进行体验，以此来增进亲子之间的关系。对于老人而言，辛苦了大半辈子，儿女愿意带老人外出，趁着老人身体硬朗看看祖国的大好河山，让老人舒缓心情，度过一个充满回忆的晚年生活。家庭共同的节假日才能出行，这也是形成旅游淡旺季的重要原因。

最后，交通因素影响旅游淡旺季。我国交通业已相当发达，但往往大中城市出城难仍是个老问题，去火车站、高铁站或机场花的时间与乘坐交通工具到达目的地的时间一样，甚至还要长，到达乡村郊野型的休闲旅游点也都要一两个小时，迫使人们只能在周末或节假日出行。交通问题还是出行旅游的重要影响因素，特别是现在，人们形成了节假日以自驾旅游为主体的特征，导致以节假日为周期的淡旺季现象更为明显。

（二）城乡二元客源市场影响旅游业高质量发展

从城乡划分来看，城镇居民是我国国内旅游的主要客源市场。2020年，城镇居民出游 20.65 亿人次，占国内旅游人数的 71.7%；城镇居民出游花费 1.80 万亿元，占国内旅游花费的 80.7%；城镇居民人均每次出游花费 870.25 元，是农村居民人均每次出游花费 530.47 元的 1.64 倍。2021 年，城镇居民出游 23.40 亿人次，农村居民出游 9 亿人次；城镇居民国内旅游总花费 23 644 亿元，是农村居民国内旅游总花费 5547 亿元的 4.26 倍（表 7-1）。随着乡村振兴战略全面推进，农村居民的出游率在稳步提升，是国内旅游发展的重要潜在市场。

表7-1 2012—2021年中国国内城乡旅游市场情况[1]

年份	2012	2013	2014	2015	2016	2017	2018	2019	2020	2021
城镇居民国内游客（百万人次）	1933	2186	2483	2802	3195	3677	4119	4471	2065	2340
农村居民国内游客（百万人次）	1024	1076	1128	1188	1240	1324	1420	1535	814	900
城镇居民国内旅游总花费（亿元）	17678	20693	24220	27611	32242	37673	42590	47509	17967	23644
农村居民国内旅游总花费（亿元）	5028	5584	6092	6584	7148	7988	8688	9742	4320	5547

从城乡居民人均旅游消费看，2012年，城镇居民国内旅游人均花费是农村居民国内旅游人均花费的1.86倍；2020年，城镇居民国内旅游人均花费是农村居民国内旅游人均花费的1.64倍，下降了0.22个百分点。从发展历史看，城镇居民人均旅游花费从2012年的914.5元增加到2019年的1062.5元，增长了148元；农村居民人均国内旅游花费由2012年的491元增加到2019年的634.7元，增长了143.7元（图7-3），其增幅大体相当。随着乡村振兴、"三农"领域重点扶持政策、脱贫攻坚各项工作的持续推进，将进一步促进农村经济发展和农民收入的增加，进而促进农村经济和农民的消费，农村旅游市场有着巨大的发展潜力。

图7-3 2012—2020年中国城乡居民人均国内旅游花费情况

[1] 根据相关年份的《中国旅游统计年鉴》整理而得。

三、旅游人均消费不足影响旅游业高质量发展

2020 年，东部区域国内旅游人均消费 1359.22 元，反映了东部较为发达的旅游产业体系和价值创造能力；东北区域国内旅游人均消费 1233.45 元，反映了东北较长的停留时间和较高的旅游成本；中部和西部区域的国内旅游人均消费分别为 971.43 元和 1012.77 元，未来在完善旅游产业体系、提高旅游服务质量方面还有较大潜力。

2021 年，中国人均每次旅游消费 899.28 元，比上年同期增加 125.14 元，增长 16.27%。其中，城镇居民人均每次旅游消费 1009.57 元，增长 16.0%；农村居民人均每次旅游消费 613.56 元，增长 15.7%。全年城镇居民人均每次旅游消费 1009.57 元，同比增长 16.00%，恢复至 2019 年同期的 95.01%；农村居民人均每次旅游消费 613.56 元，同比增长 15.66%，恢复至 2019 年同期的 96.67%。

四、旅游服务质量不高制约旅游业高质量发展

旅游服务质量是旅游业作为现代服务业的内在属性，是企业的核心竞争力，是衡量行业发展水平的重要指标。加强旅游服务质量监管、提升旅游服务质量是推进旅游业供给侧结构性改革的主要载体，是旅游业现代治理体系和治理能力建设的重要内容，是促进旅游消费升级、满足人民群众多层次旅游消费需求的有效举措，是推动旅游业高质量发展的重要抓手。近年来，旅游行业服务质量意识和管理水平不断提升，监管能力不断增强，为维护游客合法权益、规范市场秩序提供了有力保障。但从高质量发展阶段的新要求来看，旅游服务质量意识不强、管理水平不高、品牌知名度和美誉度不强、基础设施不完善、人才匮乏、监管手段不硬、持续提升动力不足等问题依然突出，旅游服务质量仍是旅游业

高质量发展的制约性因素。为此，文化和旅游部发布了《关于加强旅游服务质量监管 提升旅游服务质量的指导意见》，提出到 2025 年，解决一批影响旅游服务质量的突出问题，高质量旅游服务供给更加丰富，人民群众的满意度进一步提高。主动提升旅游服务质量成为市场主体和各级文化和旅游行政部门的自觉意识，旅游服务质量基础设施更加完善，旅游服务质量提升的合力显著增强。旅游企业质量管理水平进一步提升，形成一批适应市场需求和引领消费升级的优质旅游服务品牌；旅游市场综合监管能力进一步增强，信用监管效能得到有效提升，旅游投诉处理及时有效，旅游市场秩序更加规范，旅游消费环境明显改善；质量提升政策体系更加健全，旅游服务标准化、品牌化、网络化、智能化水平显著提升。中国旅游服务的国际竞争力和影响力持续增强，旅游服务成为中国服务的典型代表。

（一）旅游服务基础设施不完善

首先，旅游服务供给总量不足。随着中国大众旅游时代的到来，散客比例越来越大，自驾游、自助游等游客旅行前、中、后的各环节对旅游服务的要求更加多元，虽然各地政府在不遗余力地完善旅游厕所、停车场、网络覆盖等方面的服务，但旅游厕所脏乱差、旅游集散中心不能满足需要、节假日停车难等问题依然存在。在一些景区，旅游服务质量意识不强、管理水平不高等问题影响了人们的出游体验；一些旅游企业习惯于赚快钱，品牌知名度和美誉度意识还有待加强；旅游服务基础设施还需进一步完善。

其次，供给的均等化不足。受地区经济发展和旅游产业发展成熟度不同的影响，我国不同地区旅游公共服务水平不平衡，即使在同一地区，省会城市、旅游中心城市、高级别景区等旅游目的地之间的旅游服务也存在差距，中心城市与郊区（县）之间的交通联系基本依靠城市公交网络，旅游专线不足，短途接驳功能不足。同时，供给人群差异大的问题依然存在，最显著的例子就是景区男厕空无一人、女厕排长队。

最后，供给质量不优。服务个性化不足，旅游产品的供给层次不高，文旅融合的创新性不足，难以满足游客的个性化需求。供给的不充分使得国内外游客在旅游消费中以交通、住宿、购物和餐饮为主，购物、娱乐等消费较少，不能满足休闲、娱乐等高层次游客的个性化需求，也不能给旅游企业带来较高的附加值。缺乏优质服务品牌，旅游公共服务产品创新不足，新的服务功能开发和供给明显滞后于市场需求，陈旧老化的问题逐渐凸显，有满意，缺惊喜，缺乏在世界范围内具有极高知名度、美誉度、影响力的旅游服务新产品和品牌。

（二）旅游标准化建设水平不高

《全国旅游标准化发展规划（2009—2015）》实施以来，我国旅游标准化事业快速发展，基础性、规范性和引领性地位显著增强，较好地发挥了对旅游业发展的支撑和保障作用。但现行的旅游标准化工作还不能适应日益增长的旅游发展需求。

第一，旅游标准化工作不能适应旅游业高质量发展的需求。旅游标准整体质量有待提高，标准质量参差不齐，部分标准操作性不强或者更新较慢，标准化滞后现象客观存在，难以满足旅游业提质增效升级发展的需求。

第二，旅游标准结构不够合理。旅游标准覆盖领域仍然不够宽不够广，标准之间存在一定的交叉重复，市场自主制定、快速反映需求的旅游标准不能有效供给，新兴旅游领域标准相对缺失，难以适应旅游市场的发展要求。

第三，旅游标准化实施推广机制不够完善。参与主体不够广泛，推进协调机制不够健全，配套政策措施相对不足，标准实施效益有待提高。

第四，旅游标准化创新能力需要增强。旅游标准化专家队伍及相关理论研究与标准创新相对滞后，旅游标准化技术组织体系需进一步拓展和优化，实质性参与国际旅游标准化活动的能力和水平亟待提高。

（三）旅游品牌知名度和美誉度不强

质量是旅游业发展的生命，品牌则是高质量旅游的砝码和象征。我国旅游业长期保持爆发式高速增长，品牌意识不强，品牌数量稀缺，难以满足当前人们对旅游美好向往的需要，导致旅游体验质量不尽如人意。旅游产品与旅游形象口号不协调，大多属于"有品无牌"，在市场恶性竞争中盲目追求数量而忽视质量。有的则是"有牌无品"，部分地方性特色旅游产品深受消费者喜爱，但缺乏规模化和专业化生产。

第一，旅游企业是旅游业最重要的市场主体，但我国的旅游名企较少，应对市场变化能力较弱。我国没有一家旅游企业能进入世界五百强，在国家统计局公布的新一期国内五百强企业中，也仅有中国国旅一家企业入围，这与旅游业如此高的 GDP 贡献率形成鲜明对比。

第二，景区是旅游业发展的重要载体，但旅游景区质量与较大的数量规模不相匹配。5A 级景区最能代表我国旅游发展的最高水平，截至 2021 年 9 月，我国 5A 级景区数量已增至 306 家，但其中部分景区的管理和服务质量较低，更有景区因运营管理不善而被摘牌，甚至还出现破产倒闭现象。

第三，我国旅游产品类型比较单一，同质化现象极为严重，产品的科技含量较低，创新性严重不足。旅游纪念品千篇一律，缺乏本土文化内涵和个性特征。度假旅游和专项旅游等高质量的深度体验产品供给不足，高端定制旅游产品短缺。

（四）旅游服务监管手段不硬

第一，旅游产品供给与服务质量整体不充分。首先是我国旅游者对旅游的消费需求越来越多元。目前，我国旅游投资基本还是以资本驱动为主，创新驱动力仍显不足；观光型产品依然是旅游项目投资上马的主体，靠体验经济取胜的休闲度假产品供给不足；针对个性游、自主游、深度游、高端游以及综合性度假产品的开发还非常稀少，品牌化旅游产品还不充足。其次是我国旅游者对旅游服务品质的追求在不断加深。目前，我国在旅游发展方式上，基本还是以劳动密集型为主，技术集成尚显不够，旅游从业者素质普遍偏低，智慧旅游发展不成熟，游客对旅游产品的优质体验做得还不够充分。

第二，政府对旅游业监管与服务整体不充分。首先，旅游标准化规范化水平较低，监管机制不健全。由于旅游消费环节多，合同环节极易造成条款不明晰、服务标准和责任界限模糊。目前旅游业市场秩序混乱，买卖双方存在信息不对称的情况。其次，政府政策规划与配套措施不到位。基础设施建设缺乏科学性，旅游服务的配套设施发展跟不上旅游消费者扩大的步伐，旅游人才保障机制不足，旅游人才教育培训和开发机制相对滞后。

五、旅游公共危机处置能力有待提升

联合国旅游组织给旅游危机做出了明确的定义：不断发生且可能形式多样的、影响旅游者对旅游目的地的信心，并且干扰正常经营的非预测性事件的危机。从这个定义中可以看出，旅游危机是指旅游产业在经营过程中所发生的一种将对社会、组织及个人的内在结构或外在声誉产生威胁性、破坏性的危机。旅游危机大致可分为自然灾害危机、突发公共事件危机、旅游重大活动危机三大类。

旅游业容易受到自然灾害、极端天气、人为因素等的影响而发生一些公共危机事件，从而对区域文旅形象造成一定的负面影响。这种负面影响如果处理不及时、不规范，就会对区域已经塑造起来的文旅形象产生不可估量的破坏，后续则要耗费大量的财力、物力、精力去重塑该地区的文旅形象。

旅游形象本身具有脆弱性的特点，对外部环境具有很强的依赖性、敏感性，因此旅游环境状况的好坏直接关系到旅游形象和经济的好坏。作为旅游管理主体，政府的绝大部分工作是通过指标的完成程度来进行考核的，在紧急情况下普遍遵从所谓"程序性"，形成"工作惯性"，以至于错失良机。这些都是旅游危机事件中政府应急信息发布所面临的客观因素，而政府自身思想观念、法规制度、机制管理、人才队伍、媒介平台等方面的主观原因是问题出现的更为深层的因素。

（一）政府舆情危机防范意识欠缺

政府的舆情危机防范意识欠缺表现为，危机发生后，不仅没有预警，而且在事件面前束手无策、互相推诿，在经过网络曝光形成危机传播后才向公众发布信息说明，且回应公众的力度不强，语言措辞不妥，不能满足公众的知情需求，甚至还出现发布不当信息、违反宣传制度的现象，使得旅游危机传播扩大，对政府形象造成不良的影响。

（二）信息发布法规制度尚不完善

政府应急信息发布的现有法规条令对于发布什么、怎样发布的问题还较为模糊，在发布时间的快慢上也没有做详细的规定。现在，很多地方政府虽然都制定了突发事件总体应急预案，且明确规定预警信息要"通过广播、电视、报刊、网站、短信、微博、通告"及"采取有针对性的告知方式"发布出去，但对于什么时候采用什么方式没有相应的细则说明。还有部分地方的旅游法规制度存在不严、不全、不细的问题，在具体的应对案例中也出现了"无法可依"的现象。这在一定程度上反映了应急信息发布法规制度的不完善。

（三）应急信息发布管理机制缺位

首先，发布信息的过程中时而以政府为主，时而以文旅管理部门为主，时而以警方为主，发布主体及谁先谁后的问题模糊，可能出现结论冲突。其次，旅游事件发生后，预警机制启动慢，等到事件演变成危机后才出面应对、发布，往往陷入被动。此外，除了省级设置有专门的新闻发言人，市级及以下既缺乏系统的管理，又没有针对应急信息发布问题进行专业素质培训，容易出现失误。出现问题才采取问责的方式弥补，缺乏长效的机制。

（四）应急信息发布平台单一

在媒介强劲发展的今天，人人都可以成为发言人，网络舆论生态前所未有地活跃，信息不仅传播速度快，还出现了匿名性、碎片性的特征，呈几何量增长的网络信息在危机事件中足以将官方的声音削弱，这也是旅游危机事件中政府应急信息发布屡屡出现问题的原因。

（五）网络舆论引导机制不健全

近年来，伴随着旅游业的快速发展，旅游危机事件被频频曝出，层出不穷的旅游危机事件严重损害了当地的旅游形象。特别是在自媒体时代，旅游危机事件线下舆论经过社交媒体的放大与传播，部分谣言会蔓延于整个网络空间，导致网络舆论引导的失控，并可能演变成更加严重的公共危机事件。

参考文献

[1] 鲍晓宁，乔玉 . 产业融合背景下文旅产业发展问题探讨 [J]. 商业经济研究，2016（22）：2.

[2] 蔡克信，杨红，马作珍莫 . 乡村旅游：实现乡村振兴战略的一种路径选择 [J]. 农村经济，2018（9）：22-27.

[3] 耿松涛，张伸阳 . 乡村振兴背景下乡村旅游与文化产业协同发展研究 [J]. 南京农业大学学报（社会科学版），2021（2）：44-52.

[4] 韩霄 . 文旅融合背景下嘉兴市乡村旅游高质量发展路径探究 [J]. 旅游纵览，2023（16）：7-10，15.

[5] 侯兵，杨君，余凤龙 . 面向高质量发展的文化和旅游深度融合：内涵、动因与机制 [J]. 商业经济与管理，2020（10）：11.

[6] 金玉玲，孙浩 . 乡村振兴背景下文化赋能乡村旅游高质量发展的创新路径 [J]. 西部旅游，2023（16）：1-3.

[7] 柯晓兰 . 乡村旅游高质量发展的困境及路径优化：基于四川省17县（区）25个乡镇的调查 [J]. 资源开发与市场，2021，37（10）：1247-1255.

[8] 李静，刘兴叶 . 乡村振兴战略下休闲农业与乡村旅游协同发展研究 [J]. 山西大同大学学报（社会科学版），2019（3）：120-123.

[9] 邱文娟 . 以"文旅农"融合发展助推乡村振兴 [J]. 农业经济，2022（2）：102-104.

[10] 邵明华，张兆友 . 国外文旅融合发展模式与借鉴价值研究 [J].

福建论坛：人文社会科学版，2020（8）：10.

[11] 孙立，石爽，陈禄文，等.基于文旅融合背景下的密云区全域旅游高质量发展路径研究 [J].艺术与设计（理论版），2023，2（2）：32-35.

[12] 王芳，马静.文旅融合背景下甘肃研学旅游高质量发展的对策浅析 [J].河北旅游职业学院学报，2022，27（4）：70-76.

[13] 徐翠蓉，赵玉宗，高洁.国内外文旅融合研究进展与启示：一个文献综述 [J].旅游学刊，2020，35（8）：11.

[14] 袁晗.文旅融合背景下红色文旅高质量发展路径研究 [J].西部旅游，2022（21）：1-3.

[15] 张清荣，张婷.文旅融合背景下长汀县红色文旅产业高质量发展探究 [J].旅游纵览，2023（5）：149-153.

[16] 张祝平.以文旅融合理念推动乡村旅游高质量发展：形成逻辑与路径选择 [J].南京社会科学，2021（7）：157-164.

[17] 郑玉雨，廖永松，孙武，等.休闲农业发展：理论阐释、实践例证与路径选择：基于国内大循环的战略背景 [J].经济论坛，2023（3）：5-16.

[18] 钟德仁，石晓宇.城乡融合背景下禾泉农庄乡村旅游高质量发展路径研究 [J].长春大学学报，2023，33（3）：1-6.